나를 위한 시간,
행복카페

나를 위한 시간,
행복 카페

M. K. 굽타 지음 | 김해식 옮김 | 김영민 그림

파라북스

머리말

　오늘날 눈부신 과학 기술의 발달은 인류가 일찍이 경험하지 못했던 물질적인 풍요를 가져다주었습니다. 또 전 세계에서 일어나는 일들을 곧바로 알게 해줍니다. 지난날 우리 부모들이 겪었던 굶주림과 정보의 부재에서 벗어나, 원하면 무엇이든 알고 도전할 기회를 갖게 된 것입니다.

　이처럼 생활여건이 나아졌음에도, 사회에 대한 사람들의 불만이나 소외감은 오히려 커졌습니다. 수없이 많이 일어나는 범죄나 잦은 안전사고, 실업과 고용 불안, 생활수준의 저하, 정치권에 대한 불신 등 사람들을 불안하게 만드는 요인들은 꾸준히 늘어나고, 그를 반증하듯 연령대와 상관없이 자살률이 증가하고 있습니다. 결국 과학기술의 발전의 산물인 물질적인 풍요는 사람들을 행복하게 만드는 필요조건일지언정 충분조건은 아닌 듯합니다.

우리는 늘 행복해지고자 노력합니다. 그런데 만약 누군가가 진지하게 "지금 행복하신가요?"라고 묻는다면, 뭐라고 대답할까요? 우리 가운데 "나는 지금 매우 행복해요"라고 말할 수 있는 사람이 몇 명이나 될까요? 선뜻 그렇게 답하기가 쉽지 않을 것입니다.

어린 시절에는 모든 것이 보다 확실했습니다. 자신이 무엇을 바라는지, 무엇이 되고 싶은지, 지금 이 순간 무엇이 필요한지 명확했습니다. 그런데 언제부터인가 자신의 마음보다도 남의 시선에 더 신경 쓰고, 남의 의견이나 주장에 더 많은 영향을 받게 되었습니다. 또 시간이 지나면서 자신이 가진 것과 남의 것을 비교하는 데 더 많은 관심을 갖고, 지금 여기에서의 행복보다는 과거에 일어났던 일에 대한 후회로 마음이 불편하거나 앞으로 일어날지 안 일어날지도 모르는 미래에 대한 두려움에 사로잡혀 살아갑니다. 그래서 지금 내가 행복한지 아닌지 선뜻 대답하기에도 어려운 상황이 되고 말았습니다. 나이가 든다는 것은 점점 자기 자신을 잃어버리는 과정이 아닌가하는 생각이 들 정도입니다.

한 번밖에 없는 소중한 인생이기에 우리는 의미 있는 일을 이루고 사회에 봉사도 하면서, 하루하루가 행복하기를 기대합니다. 하지만 우리의 일상은 다른 사람의 사소한 간섭이나 거절에도 마음의 상처를 입고, 그 상처가 눈덩이처럼 불어나 분노가 되어 잠재의식 속에 남습니다. 그리고 잠재의식 속의 분노와 흥분은 이기적이고 편협한 마음으로 이끕니다. 이기적이고 편협한 마음은 약한 마음의 표시입니다. 결국 이 약한 마음은 이미 약해진 마음을 더욱 더 허약하게 만드는 악순환에 빠지게 합니다.

우리는 행복해지고자 많은 노력을 하지만, 결코 행복해지지 않음을 느낍니다. 행복해지는 방법을 모르거나 잊어버렸기 때문이지요. 우리는 늘 어린 시절에 행복했다고 자조 섞인 말을 하곤 합니다. 그렇습니다. 아이들처럼 늘 자기 자신에게 집중하고, 과거나 미래보다는 현재에 관심을 집중하는 것입니다. 행복은 찾으려고 노력하는 데서 오는 것이 아니라, 자신의 마음속에 있기 때문입니다. 이 책 ≪행복카페≫는 마음의 상처를 어루만지고 위안을 주며, 행복해지는 법과 구체적인 실천 방법을 세세하게 일러줍니다. 편안한 마음을 읽다 보면 행복이 멀리 있는 것이 아님을 알고 점차 행복해지는 스스로와 만나게 될 것입니다.

차 례

PART 1

상처받지 않는 법

다른 사람의 평가

늘 다른 사람의 동의나 찬성만 받으며 살 수는 없습니다. 때론 거절을 당하거나 반대를 받기도 합니다. 그런데 어떤 사람들은 누군가에게 거절당하거나 반대에 부딪히면 속상해합니다. 그리고 자신이 다른 사람들에 비해 열등하다고 느끼고, 우울과 절망에 빠지기도 합니다.

당신은 어떻습니까? 만일 그렇다면, 당신은 매우 그릇된 가정을 하고 있는 셈입니다. 당신을 거절하는 사람은 항상 옳고, 당신은 항상 그르다는 매우 잘못된 가정이죠. 당신의 제안을 거절하는 사람은 당신을 평가하기에 적합하지 않을 수도 있고, 당신에 대한 편견을 가졌거나 질투를 하는 사람일지도 모릅니다. 그러니 어떻게 그의 평가가 무조건 옳다고 받아들일 수 있겠습니까?

다른 사람의 평가는 그 사람의 의견일 뿐입니다. 다른 사람 의견이 내 의견과 다르더라도 그때마다 속상해할 필요가 없습니다. 사실 다른 사람이 나와 관계된 일에 제시하는 의견은, 내 일보다 그 사람의 취향과 마음상태와 관련된 것이 더 많습니다.

다른 사람의 의견과 판단에 흥분하지 말고, 일단 모든 생각과 감정을 멈추어야 합니다. 그리고 흥분이 가라앉고 마음이 진정이 되면, 그 의견에 따라 스스로를 평가해봅니다. 만일 그 사람 말대로 개선할 필요가 있으면 조치를 취하고, 그 사람의 평가에 아무런 무게가 없다면 무시하세요. 끊임없는 생각으로 그것에 점점 더 많은 무게를 주는 것은 어리석은 일입니다.

거절하는 용기

평소 자신감 있고 솔직한 태도를 취하고, '아니오'라고 말해야 하는 상황에서는 결코 주저하지 마세요. 거절하는 데에는 약간의 용기가 필요하지만, 때론 그 약간의 용기가 일생 동안 겪어야 하는 불쾌함에서 우리를 구합니다. 거절할 때에는 예의바르고 공손한 태도를 유지하세요. 그리고 가능하면 상대에게 거절하는 이유를 설명하는 것이 좋습니다.

거절하면 상대가 화를 내거나 불쾌해할지도 모릅니다. 하지만 우리가 인생에서 추구하는 목적이 다른 사람을 기쁘게 하는 것이 아니라는 것을 기억하세요. 우리 목적은 우리 자신에게 있습니다. 또 다른 사람이 기뻐하거나 불쾌해하는 것은 우리가 하는 말보다는 그 사람 자신의 마음상태에 더 많이 달려 있습니다. 예를 들면, 어떤 사람이 부정적인 마음상태에 있다면 그는 우리가 하는 말이나 행동과는 관계없이 모든 것을 부정적으로 볼 것입니다. 따라서 다른 사람들에게 더 집중하지 말고, 우리가 무엇을 하고 있는지, 그것이 우리의 관점에서 옳은지 그른지 등등 우리 자신에게 더 집중해야 합니다.

우리가 옳다면 격렬한 반대 속에서도 바위와 같이 굳건히 서 있는 독립적인 개성을 가져야 합니다. 또한 어떤 불의나 잘못된 행위에 대해서도 목소리를 높이는 용기를 가지세요. 만일 탁월하고 독특한 사람이 되기를 원한다면 군중과는 다른 존재가 되어야만 합니다.

언짢은 대화

다른 사람들과 대화할 때, 처음에는 좋은 의도로 시작했으나 얼마 지나지 않아 일종의 힘겨루기처럼 바뀌면서 분위기가 험악해지는 경험을 한 적이 있나요? 대화가 힘겨루기처럼 바뀌면, 사람들은 서로 유용한 지식을 교환하기보다는 자신이 상대보다 낫다는 것을 확인시키는 데 더 관심을 갖게 됩니다. 대화의 진정한 목적은 잊어버리고, 잘못된 마음을 만족시키는 데 더 관심을 두게 되지요.

모든 대화는 유용한 지식을 교환하거나 즐거움을 나누는 것을 목적으로 합니다. 이것을 기억한다면, 대화가 언짢음으로 끝나는 것은 막을 수 있습니다. 이런 사실을 알고 조심했는데도 대화가 분노로 나아간다면, 일단 그 단계에서 대화를 멈추는 것이 현명합니다. 우리의 주장이 아무리 논리적인 것이라고 해도 대화를 계속하지 말고 멈춰야 합니다.

  만일 대화가 시간과 에너지의 낭비일 뿐이라고 느낀다면 참여하지 마세요. 수동적으로 듣기만 하고 기회가 닿는 대로 그곳을 떠나세요. 또 만일 누군가와 대화하는 데 뜻이 맞지 않는다면, 가능한 한 그와 대화하는 것을 피하세요. 긴장과 분노와 언짢음으로 대화를 끝내는 것은 우리에게나 상대에게나 좋을 게 없습니다.

마음의 동요

　갑작스런 문제나 어처구니없는 일을 만나 안절부절 못할 때, 즉각 반응하거나 바로 화를 내지는 않는지 자신을 돌아보세요. 이런 경우에는 마음의 동요가 가라앉을 때까지 무슨 행동이나 말을 하지 않아야 합니다. 마음의 동요를 일으킨 사람이나 상황은 일시적으로라도 피하는 것이 최선입니다. 가급적이면 그 자리를 피해 얼마 동안은 홀로 조용히 있으세요.

　그리고 마음이 느긋하고 침착해지면 모든 장단점과 득실을 차분하게 검토해야 합니다. 마음이 안정되어야 문제점에 관해 더욱 잘 이해할 수 있습니다. 일반적으로 화난 상태에서는 추리하고 판단하는 능력을 잃기 때문입니다.

　결백을 해명하고 싶은 마음이 생기더라도 일단 시간을 갖는 것이 좋습니다. 그리고 요청을 받을 때에만 명쾌하게 설명하고,

자신의 결백을 사람들에게 강요하지 마세요. 답변하는 목소리도 정중하고 공손하게 유지해야 합니다. 아무리 나쁜 비난이나 비판의 소리를 듣더라도 행동을 자제하고 답변할 때 고함을 질러서는 안 됩니다.

말싸움

　사람들이 모두 마음이 잘 맞을 수는 없고, 또 모든 일이 우리가 원하는 대로 진행되지도 않습니다. 그런데도 끊임없이 언쟁을 벌이고 불평을 일삼는 사람들이 있습니다. 예를 들면, "이게 아직 안 끝났어?", "이건 옳지 않아", "난 그걸 좋아하지 않아", "왜 이런 일을 하기 전에 내게 물어보지 않은 거야?" 등등 끝이 없습니다.

　그들은 항상 불평으로 가득 차 있습니다. 다른 사람들과 상황에 대한 불평이지요. 이들은 좀처럼 좋은 것을 인정하지 않습니다. 삶의 부정적인 측면에만 강조점을 둡니다. 이런 태도는 주위 사람들을 끊임없이 긴장하게 만듭니다. 왜냐하면 사람은 완벽하지 않아서 어떤 성과 속에서도 실수를 찾아낼 수 있기 때문이지요.

동의할 수 없는 사람이나 상황을 마주했을 때, 화를 내는 것은 용감한 행동도 아니고 더욱이 위대한 행동도 아닙니다. 그것은 누구나 할 수 있는 일이지요. 위대함은 자신에 대한 통제력을 발휘함으로써 드러납니다. 때론 좋은 일을 완수한다는 더 큰 대의를 위해 모욕에 정면으로 대응하고 다른 사람의 나쁜 행동과 타협할 준비도 되어 있어야 합니다. 왜냐하면 그 사람의 행동보다 그 일이 당신에게 더 중요하기 때문입니다.

또한 누구의 잘못이고 누가 그것을 고쳐야 하는가에 관해 고민하기보다는 혼자서 상황을 바르게 하는 법을 배워야 합니다. 물론 일을 바로잡은 후에 그 사람이 자신의 실수를 알아챌 수 있도록 알려주거나, 의무에 성실하지 않은 사람에게는 어떤 조치를 취할 수 있습니다.

자신을 해치는 봉사

　우리는 봉사에는 당연히 희생이 따른다고 생각합니다. 그래서 다른 사람들을 도우면서 자신을 해치고 희생하는 사람을 보면 위대하다고 생각합니다. 하지만 이것은 오해입니다. 진정한 봉사는 그런 무분별한 희생을 요구하지 않습니다. 다른 사람을 돕고 사회 복리를 위한 봉사라 하더라도, 그것으로 우리 자신을 해쳐서는 안 됩니다. 만일 자신을 파괴한다면 어떻게 다른 사람들에게 봉사하겠습니까? 다른 사람을 돕고 그들에게 봉사하기 위해 자신의 육체와 정신을 적절한 상태로 유지해야 합니다. 예를 들면, 병에 감염된 환자에게 봉사하면서 적절한 예방조치를 취하지 않아 감염되어서는 안 된다는 것이지요.

　물론 봉사에는 일정한 불편과 불쾌함이 따르고, 그것을 참고 이겨내야 가능합니다. 그러나 그것은 우리의 육체적, 정신적 능력에 적절한 수준이어야 합니다. 누군가는 이것을 이기심이라고 할지도 모르지만, 그렇지 않습니다. 이기심의 진정한 의미는 자신을 위해 다른 사람들을 해치거나 다른 사람들의 이익을 무시하는 것입니다. 어느 누구도 해롭게 하거나 해치지 않으면서 자신을 보호하고 자신의 발전과 편안을 위하는 것은 이기심이 아닙니다.

아주 드물지만 다른 사람들을 위해 자신을 희생하는 것이 필요한 경우도 있습니다. 그러나 그것은 오로지 인류와 사회의 보다 큰 이익을 위할 때와 더 큰 대의나 목적에 기여할 때뿐입니다. 이것은 '전체'가 항상 '부분'보다 중요하기 때문이다. 그러나 그저 다른 사람을 위해, 그리고 작은 물건이나 작은 애착을 위해 자신을 희생하는 것은 바람직하지 않습니다.

남을 위한 삶

다른 사람들을 기쁘게 하고 만족시키기 위해 힘든 노력을 하는 것은 부질없고 헛된 일입니다. 이런 노력으로 진정으로 만족하는 사람은 아무도 없습니다.

사실 다른 사람의 만족이나 기쁨을 사명으로 여기는 것은 자신을 바보로 만드는 것과 같습니다. 아무리 '모두'를 위한다고 해도 단 한 사람도 만족시킬 수 없기 때문이지요. 사람은 저마다 셀 수 없을 만큼 많은 기대와 욕망을 가지고 있고, 단 한 사람의 모든 기대조차 만족시키기 어렵습니다. 우리가 만족시킬 수 있는 사람은 오직 자신뿐입니다. 마찬가지로, 다른 사람들 역시 다른 누군가에 의해서가 아니라 바로 그 자신에 의해서만 만족을 얻을 수 있습니다.

따라서 다른 사람들을 즐겁게 하고 만족시키려 노력하면서 시간과 에너지를 낭비할 필요가 없습니다. 행복은 자연적이면서 노력이 필요 없는 마음의 상태입니다. 강제로 다른 사람에게 줄 수 있거나 이전되는 것이 아닙니다.

행복은 주는 것도 받는 것도 아니라, 마음에서 경험해야 하는 느낌입니다. 우리가 다른 사람을 행복하게 만드는 가장 좋고 유일한 방법은, 우리 자신이 행복해지는 것입니다. 행복하고 유쾌한 우리에게서 발산되는 좋은 기운이 다른 사람도 유사한 상태로 이끌기 때문이지요.

끝없는 경쟁

돈을 더 많이 벌기 위해 수단을 가리지 않는 요즘 사람들을 보면 미친 경쟁에 빠져 있다는 생각이 듭니다. 이 경쟁은 정말로 필요한가와는 상관없이 더 많이 벌어들이는 데만 집착하는 일종의 중독이 되고 말았습니다. 그래서 이 경쟁에는 끝이 없습니다.

이 경쟁에 휘말린 사람들은 마지막 숨을 거둘 때에만 해방되는 우리에 갇힌 채 살아가고, 그들이 죽은 다음에는 그 재산과 돈을 차지하기 위해 상속자들 사이에서 새로운 경쟁이 시작됩니다. 결국 죽은 사람은 즐기지도 못할 돈을 버는 데 인생을 보내버린 것입니다. 일정한 한도를 넘어서면 돈의 유일한 용도는 더 많은 돈을 만들어내고 근심을 늘리는 것뿐입니다. 만일 행복해지기를 원한다면 다음 말을 기억하세요.

"돈이 가져다주는 것에서 행복은 늘 제외된다."

행복은 욕망의 충족에
있는 것이 아니라,
욕망의 중지에서
비롯된다.

환경과 스트레스

우리는 이래저래 많은 스트레스를 받으며 살아갑니다. 스트레스가 전혀 없는 삶이란 없지요. 그런데 일부 사람들은 자신이 받는 스트레스의 책임이 외부적인 요인이나 다른 사람에게 있다고 믿습니다. 따라서 외부적 상황이 변하지 않는 한 자신은 행복할 수 없다고 생각하지요.

그러나 이런 생각은 인과관계를 정확히 파악하지 못한 데서 비롯된 것입니다. 우리에게 주어진 상황과 주변 사람들은 우리 의도대로 바꿀 수 없습니다. 그렇다면 평생 스트레스를 받으며 살아야 하는 걸까요? 물론 그럴 수는 없습니다. 이런 까닭에 스트레스의 원인을 외부에서 찾는 것은 잘못된 생각이지요.

그리고 무엇보다 중요한 것은, 스트레스는 외부 상황이 아니라 그것에 대한 우리의 반응이 일으킨다는 것입니다. 또 우리는 외부에서 일어나는 일과 상관없이 자신의 반응을 통제할 능력을 가졌다는 사실입니다. 그것은 외부 상황의 영향력이 미치지 않도록 우리 마음을 외부 환경에서 독립적으로 만드는 것과 같습니다. 마음의 주인이 되면 이것이 가능합니다.

외부 환경은 스트레스를 야기하는 원인을 제공할 뿐, 그 자체로 스트레스를 만들어낼 수 없습니다. 스트레스는 마음의 부정적인 태도들에 의해 외부 환경이라는 연료에 불이 붙을 때에만 만들어집니다. 따라서 스트레스의 일차적인 원인은 마음속에 있습니다. 외부의 조건들은 이차적인 원인으로만 작용하지요. 마음의 뒷받침 없이는 어떤 조건이나 환경도 스트레스 요인으로 작용할 수 없습니다.

PART 2

나도 모르는 내 마음

분노

큰소리를 내거나 화를 내야 일이 마무리된다고 생각하는 사람들이 있습니다. 그래야 다른 사람들이 움직인다는 생각하죠. 물론 사실은 그렇지 않습니다. 분노는 순간의 긴장을 불러올 뿐입니다. 어떤 일이든 인격의 힘으로 마무리해야 합니다. 사람을 움직이는 것은 진지하고 진심을 다하는 말입니다. 이것이 말과 생각이 갖는 커다란 힘이지요.

분노는 주어진 일을 받아들이거나 소화하지 못하고 있음을 보여주는 증거일 뿐입니다. 또 정신적으로 약해졌다는 것을 간접적으로 보여주는 증거이기도 합니다. 상대가 누구든 어떤 상황에서나 고요하고 차분한 마음으로 마주할 수 있어야 합니다. 화를 내지 않고 단호하게 설명하면, 상대는 우리를 더 잘 이해하게 될 것입니다.

스트레스의 근원은 마음 속에 있다.
마음을 이해하고 통제하지 않고서는
스트레스를 해소하는 것은
불가능하다.

미워하는 마음

　미워하는 감정은 상대를 변화시키지도 못하면서 자신만을 해칠 뿐입니다. 미움은 마음을 부정적인 것으로 가득 차게 만들고, 몸도 마음도 다치게 합니다. 미움을 받는 사람에게도 아무런 도움이 되지 않으며, 자신에게도 전혀 도움이 되지 않지요.

　미움으로는 어떤 경우에도 올바른 관계가 유지될 수 없습니다. 왜냐하면 일단 어떤 것을 미워하면, 증오를 통해 그것과 결부되기 때문입니다. 그러면 마음에서 그것을 놓지 못하게 되고, 그것은 마음 주변을 끊임없이 맴돌게 되지요.

　마음은 좋은 것이든 나쁜 것이든 모두에게 초연하라고 말합니다. 마음은 그저 관찰자가 되기를 원합니다. 좋은 것이든 나쁜 것이든 그 어느 것과도 결부되지 않기를 원합니다. 만약 미워하는 감정을 갖는다면 마음의 핵심인 초연함을 잃어버리게 되는 것입니다.

나쁜 것을 다루는 올바른 방법은, 일단 그것을 증오의 눈으로 바라보지 않고 받아들이는 것입니다. 그리고 그 원인에 대해 숙고한 다음, 그 나쁨을 희석시키고 해소하기 위해 어떻게 할 것인가를 결정해야 합니다. 요컨대, 미워하지 말고 가능한 선에서 그것을 개선하기 위해 행동해야 하지요.

그러나 삶에는 우리의 통제력을 넘어서는 것들이 많습니다. 그런 상황을 만나면 자신이나 다른 사람들을 증오하지 말고, 그것들을 받아들이고 우리에게 생기는 피해가 최소화되도록 스스로를 조정해야 합니다.

자기 중심적 태도

이야기를 하다 보면, '나는', '내가', '나를' 같은 말로 일관하는 사람들이 있습니다. 예를 들면, '내가 이것을 했다', '나는 이것을 좋아한다', '나만이 그것을 할 수 있다' 등으로 대화를 채우는 것입니다. 그들의 말대로라면 그들을 제외하면 세상에는 아무것도 없는 것처럼 보입니다.

이처럼 자신에 관해서만 생각하고 이야기하는 것은 매우 편협하고 낮은 의식 수준을 보여주는 것입니다. 자기 중심적인 태도는 우리 스스로를 매우 작고 보잘것없는 것으로 만듭니다. 우리를 이 우주와 자연에서 분리해, 자기 이외의 세상과 불편과 부조화를 이루게 만듭니다.

우리는 이 우주의 한 부분입니다. 나는 다른 사람들과 다르지 않고, 우리는 모두 공통의 필요와 공통의 목표를 가집니다. 그리고 우리는 모두 우주와 자연 속에서 동일한 관계를 맺고 있습니다. 자신에 대해 자랑하고 싶거나 자신의 이해관계나 문제에 관해서만 이야기하고 싶은 유혹에 빠질 때에는 의지를 발휘해 멈추게 하세요. 사실, 높은 정신적인 경지에 도달하면 나만을 위해 살고 일하겠다는 생각은 지극히 어리석게 보입니다.

자부심

　세상은 우리에게 아무것도 요구하지 않습니다. 다만 우리가 성장하고 생존하기 위해 세상을 활용하고 있을 뿐입니다. 설령 무언가 거창한 일을 한다고 해도 당신은 기본적으로 자신을 위하는 있는 것이지 세상에 이바지하고 있는 것이 아닙니다.

　우리 때문에 세상이 멈추거나 움직이는 것은 아닙니다. 세상은 우리가 없을 때에도 잘 돌아갔고, 잘 돌아갈 것입니다. 우리는 이 거대한 배움의 학교에서 몇몇 교훈을 얻고 훈련을 하는 순간적인 존재에 불과합니다.

　따라서 만일 우리가 거기에 없다면 무슨 일이 일어날지도 모른다는 근심이나 걱정은 하지 마세요. 상황이 오로지 우리 때문에 움직이고 있다는 생각은 버려야 합니다. 그리고 그런 종류의 자부심이 커지는 것은 더욱 경계해야 합니다.

행복의 샘은
우리 안에 있습니다.
바깥에서 행복을 찾으려는
노력은 헛된 것입니다.

비교와 좌절

　우리는 모든 것을 다른 사람들과 비교하는 잘못을 쉽게 저지릅니다. 그러고는 필요 없는 좌절감을 느낍니다. 우리가 꼭 알아야 할 사실 중에 하나가, 이 광대한 세상에서 비교의 끝은 없다는 것입니다.

　내가 나중에 어떤 지위에 이를지 모르지만, 항상 그보다 위에 있는 사람이 존재할 것이고 그보다 아래 있는 사람이 존재할 것입니다. 이것이 세상의 본래 모습입니다. 마찬가지로, 아무리 아름답고 비싼 물건들을 구입한다고 해도 여전히 그것들보다 더 좋은 것들이 존재할 것입니다. 오늘은 존재하지 않는다고 해도 내일은 나타날 것이다.

　따라서 어떤 사람과도, 어떤 것과도 비교하지 마세요. 자신을 그 미친 경쟁에 개입시키지 마세요. 아무리 적은 것이라도 주어진 것에 만족하세요. 그리고 다음 격언을 기억하세요.

  "이 변화무쌍한 세상에는 내가 가질 수 있는 것보다 더 좋은
것이 항상 존재한다."

탐욕

흔히 탐욕은 십악十惡의 하나로 꼽습니다. 우리는 과거의 역사를 통해 탐욕이 가져다준 해악에 대해 잘 알고 있습니다. 그런데도 사람들은 끝없는 욕심을 버리지 못합니다.

궁극적으로 이 세상 그 어떤 것도 우리의 것이 아니라는 사실을 받아들여야 합니다. 모든 것은 자연 속에 있는 것입니다. 지금 우리 것이라고 주장할 수 있는 것도, 실제로는 우리의 궁극적 목적을 달성하기 위한 수단이고 일시적으로 사용하는 것뿐입니다. 언젠가 그 목적이 달성되면 모든 소유물들은 하나씩 나를 떠날 것입니다.

그러므로 어떤 세속적 소유물에도 집착하지 말고, 또 자신을 그것들과 동일시하지 마세요. 우리는 단지 일정 기간 동안 그것들을 관리하는 역할을 맡은 관리인일 뿐입니다. 따라서 바로 그

본성에 의해 변화하고 부패하고 사라지고 마는 다양한 세속적 물건들을 비축하고 수집하려는 탐욕을 버려야 합니다.

원할 때는 언제든 어떤 세속적인 소유물도 즉각 버릴 수 있는 초연함을 가져야 합니다. 이런 태도에 갖는다면 다른 사람들의 소유물과 비교하면서 생겨나는 질투도 막을 수 있습니다.

욕망과 쾌락

물질적 욕망과 감각적 쾌락에는 한계가 없습니다. 즐기면 즐길수록 더욱 더 갈망하게 되지요. 하나의 욕망이 충족된다 하더라도 더 많은 다른 욕망들을 불러일으키고, 그 과정은 끝없이 이어집니다. 따라서 욕망은 기본적인 필요와 편의까지만 추구하고, 사치를 쫓거나 욕망에 욕망을 덧붙여서는 안 됩니다.

물질적 욕망과 감각적 쾌락의 충족에 따르는 기쁨은 오래가지 못합니다. 게다가 반드시 고통이 뒤따릅니다. 또 영원한 만족을 주지도 못하지요. 따라서 무제한적인 욕망과 감각적 쾌락에 대한 갈망은 엄격하게 통제해야 합니다.

보다 낮은 정신의 통제를 받으면 마음과 감각은 항상 순간적인 쾌락과 전율과 흥분으로 자극되기를 원합니다. 따라서 보다 높은 정신 상태를 유지하기 위해 낮은 본성의 이런 압력들은 극복해야 합니다.

　우리는 순간적인 쾌락보다 더 오래 지속되고 훨씬 더 만족스러운, 훨씬 더 높은 종류의 즐거움을 누릴 자격이 있습니다. 삶의 법칙들을 적절히 알고 그것들을 실제생활에 적용하면, 우리는 무한한 즐거움이라는 보물에 접근하게 됩니다.

변덕스런 마음

변덕스런 마음을 가진 사람들은 무언가를 선택하고 결정하는 데 쉽게 흔들립니다. 세상 어떤 분야에든 끝없는 다양성이 존재하는 것은 사실이고, 그 가운데 하나를 선택하는 일은 쉽지 않습니다. 그러나 깊이 살펴보면 이 엄청난 다양성의 저변에는 통일성이 존재한다는 것을 알 수 있습니다.

우리가 세상에서 보는 다양성과 이원성은 우리의 무지에서 비롯된 것입니다. 실제로는 동일한 것이 다양한 형태 속에 반영되어 단지 겉모양만이 다를 뿐입니다. 내부는 모두 동일합니다. 깨우친 사람들은 이 끝없는 다양성 속에서 이런 일체성을 봅니다. 그래서 혼란스러워하거나 이리저리 흔들리지 않지요.

이 같은 일체성 때문에 우리는 어떤 대상이나 분야에 관계없이 무엇이든 일을 위해 선택할 수 있습니다. 그리고 무엇을 선택하든 다른 어떤 것에서 얻는 것과 같은 행복을 찾을 수 있지요. 행복은 일 그 자체보다는 당신이 일할 때 갖는 마음에 더 많이 달려 있기 때문이다.

따라서 다른 사람이나 다른 일과 끊임없이 비교하는 무한 경쟁을 멀리 하세요. 무한 경쟁은 아무런 결정도 내리지 못하게 만들고 결국에는 우리를 미쳐버리게 만들지도 모릅니다.

오해

　오해는 다른 사람이 자신에게 해를 끼치거나 자신을 모욕할 목적을 갖고 있다는 의심에서 비롯됩니다. 이런 의심을 갖고 있으면 다른 사람의 어떤 제안이나 논평도 개인적인 모욕이나 비판으로 받아들이게 됩니다. 모든 대화를 논쟁을 위한 도전으로 받아들이게 되지요.

　사실, 알려지지 않은 것이나 새로운 것을 위협으로 여기는 것은 아직 덜 성숙된 마음에서 비롯됩니다. 인도 요가에서는 "마음의 본성은 의심하는 것"이라고 말합니다. 그러나 적절한 명상과 올바른 지식으로 이 약점은 극복하고 승화할 수 있습니다.

　따라서 다른 사람들과 상호작용할 때, 다른 사람들은 나의 적이고 그들이 나에게 해를 끼치기를 원한다는 의심 따위는 버리세요. 오히려 사람은 모두 선하다는 생각을 가져야 합니다. 그

가 스스로 나쁘다는 것을 행동으로 드러낼 때에만 비로소 우리
는 의견을 바꾸어야 합니다.

감정적인 행동

 세상 사물에 대해 우리가 감정적으로 격한 반응을 하는 까닭은, 실제로는 진지하게 다루지 않아야 할 것을 너무 진지하게 다루기 때문입니다. 우리는 어떤 어려움이나 문제도 영원할 수는 없다는 것을 깨달아야 합니다. 그것이 무엇이든 모두 지나갈 것입니다. 그것이 세상 이치지요. 모든 것은 부단한 운동의 상태에 있으며 변화합니다. 영원하고 정지되어 있는 것은 없습니다.
 우리가 겪는 고통은 근본적으로 삶의 다양한 사건과 상황과 환경에 감정적으로 개입하는 데에서 비롯됩니다. 우리는 세상의 모든 대상과 상황에 대해, 의식적으로 마치 그것들은 우리와는 별개의 것이라고 여길 필요가 있습니다. 다만 우리는 그것들과 일시적인 관계를 가질 뿐이라고 생각하며, 구경하는 관중처럼 객관적으로 바라보면 마음이 편안해집니다.

또 사물을 너무 진지하게 다루는 것은 우리 잠재의식에 깊은 인상을 만들고, 그 인상들은 우리 마음속에 편견과 선입관을 만들어냅니다. 그리고 있는 그대로 보는 마음의 능력을 떨어뜨리지요.

따라서 감정적 개입, 달리 말해, 좋아함, 싫어함, 사랑, 증오, 질투, 복수 등등의 감정들을 점차로 뿌리 뽑아야 합니다. 그 결과 삶의 모든 시련과 역경 속에서도 고요하고 차분하고 균형 잡힌 상태를 유지하는, 진정으로 편견 없고 초연한 마음을 가져야 합니다.

PART 3

거리두기

칭찬과 비판

　칭찬은 고래도 춤추게 만든다는 것을 알면서도 우리는 칭찬하는 데 매우 인색합니다. 반면에 다른 사람의 결점이나 실수를 지적할 때는 매우 재빠르지요. 물론 우리는 정반대의 태도를 길러야 합니다. 다른 사람에게서 좋은 점을 발견하면 아낌없이 칭찬하고, 그가 그것을 계속해 나가고 더 잘하도록 격려와 지원을 해야 합니다. 다른 한편, 다른 사람의 결함이나 결점을 공개하는 것은 삼가야 합니다.

　이런 말이 있습니다. "다른 사람들이 있는 데서는 칭찬하고 다른 사람들이 없는 데서 비판하라." 만일 어떤 사람에게 단점이나 결점을 지적하고 싶다면, 그를 다른 사람이 없는 곳으로 불러서 얼굴을 마주하고 말하세요. 결코 누군가의 결점이나 약점을 다른 사람 앞에서 공개적으로 알려서는 안 됩니다.

우리가 다른 사람의 부정적인 점에 초점을 맞출 때마다 우리 역시 일시적으로 부정성에 휩싸이고, 긍정적인 점을 생각할 때마다 긍정성에 휩싸이게 됨을 기억하세요. 다른 사람들의 부정적인 점보다 긍정적인 점에 초점을 맞추는 것이 우리에게도 더 좋습니다.

또 하나 기억할 점은, 일하는 사람만이 실수를 저지를 수 있다는 것입니다. 아무것도 하지 않는 사람은 실수도 하지 않습니다. 그와 동시에 아무것도 하지 않는 사람은 삶에서 아무것도 이룰 수 없습니다. 바로 이런 까닭에 우리는 다른 사람의 실수에 너그러워야 합니다. 삶에서 참된 목표를 이루기 위해 그 사람이나 우리는 수많은 실수를 극복해야 하기 때문이지요.

평가나 충고

다른 사람의 일에 신경 쓰거나 간섭하는 데 시간을 낭비하지 마세요. 또 다른 사람의 일에 대해 언급하거나 평가하거나 잘못을 지적하지 마세요. 왜냐하면 우리는 아직 그런 일을 하기에 적합하지 않기 때문입니다. 어느 정도의 완벽한 수준에 도달한 사람만이 타인에게 논평하거나 충고할 자격이 있습니다.

어떤 사람들은 아무에게나 불필요한 충고를 하는 습관이 있습니다. 충고를 할 필요가 있을 때는 그 사람에게 요청받았을 때뿐입니다. 요청받았을 때에도 그 문제에 대해 잘 알지 못한다면 솔직히 인정하세요. 잘못된 충고나 모호한 평가는 하지 말아야 합니다.

만약 다른 사람에게 이득을 주기 위해 하고 싶은 충고가 있더라도, 말로써가 아니라 행동으로 보여주는 것이 더 낫습니다. 행동은 말보다 더 많은 무게와 힘을 가집니다. 또한 그 사람 자신의 의지가 없다면 개선은 기대할 수 없으며, 그 사람의 의지에 반하는 개선은 더더욱 있을 수 없다는 사실을 기억하세요.

만일 부하직원들에게 일을 시켜야 하는 관리자의 지위에 있다면, 불가피하게 그들의 일에 관해 언급하거나 평가와 충고를 해야 할 것입니다. 그러나 이런 경우에도 제안의 뜻으로 전해야 합니다. 자존심과 지배의 태도가 개입되어서는 결코 안 됩니다.

도울 때

　다른 사람들, 특히 노약자들을 배려하고 돕는 것은 우리 사회의 미덕입니다. 하지만 돕는다는 구실로 그들 스스로 자신의 일을 하지 못하도록 하는 것은 바람직하지 않습니다.

　도움은 진정으로 필요할 때 주는 것이 원칙입니다. 그렇지 않으면 그 사람을 의존적이고 나약한 사람으로 만들며, 생활 속의 도전과 요구에 대응하는 힘과 자신감을 기르는 데 방해가 될 뿐입니다. 바꾸어 말해, 도움은 받는 사람에게 받을 만한 것이어야 하며 결코 낭비되어서는 안 됩니다.

　도움은 진정으로 필요할 때에만 받고, 요청할 때에만 주어야 합니다. 이것은 누구에게나 적용되며, 남녀노소 누구도 예외가 없습니다. 나이든 사람들은 젊은이들에 비해 혼자 힘으로 할 수 있는 일이 적지만, 그렇기 때문에 더더욱 스스로 해야 합니다.

이것이 존중이나 위엄의 상실과 혼동되어서는 안 됩니다. 크든 작든 자신의 일을 스스로 해내면서 자신의 삶에 최선을 다하는 것이 삶에 대해 누구나 가져야 하는 의무이며, 이런 태도에서 자존감이 비롯됩니다.

또 이 원칙은 우리에게도 마찬가지로 적용됩니다. 우리 역시 혼자 할 수 있는 일은 무엇이든 혼자 힘으로 해야 합니다. 다른 사람들이 우리를 위해 그 일을 해줄 것을 기대해서는 안 됩니다. 아이들 역시 마찬가지인데, 아이들이 스스로 쉽게 할 수 있는 작고 사소한 일들도 대신 해주는 부모들이 많습니다. 이런 태도는 미래에 그들을 의존적이고 나약한 사람으로 만들고, 그로 인해 고통을 겪게 할 뿐입니다.

격려

　다른 사람을 인정하는 법을 배우세요. 아무리 나쁜 사람이라고 해도 '좋은 점'은 있기 마련입니다. 다른 사람의 장점을 발견거나 그가 한 좋은 일이나 훌륭한 작업을 보면, 마음을 다해 격려하고 인정하세요. 이것은 그들을 격려하는 동시에 그들과 우리 주변에 건강한 분위기를 가져옵니다. 다른 사람에게서 좋은 점을 보는 것은 우리 마음을 항상 긍정적이고 쾌활하게 유지해 줄 것입니다.

　만일 관리자의 지위에 있다면, 아무리 작은 것이라도 개선되었다면 그 직원을 칭찬하고, 좋은 직원에게는 기회가 닿는 대로 그들이 회사에서 얼마나 큰 의미를 갖는지를 말해주세요.

변화하는 환경이나
생활의 사소한 문제가
행복을 잡아채 가도록
두지 마라.

다른 사람의 변화

삶을 자세히 들여다보면, 우리가 에너지의 대부분을 다른 사람들을 변화시키려는 노력에 허비하는 것을 발견하게 됩니다. 심지어 슬픔과 불행의 책임을 다른 사람에게서 찾고, 그들이 변하지 않는 한 행복해질 수 없다고 생각합니다. 그러나 정작 중요한 것은 우리가 변화할 필요가 있는지 생각하는 것이지요.

결코 다른 사람들을 직접적, 강제적으로 변화시킬 수는 없습니다. 이것은 명확한 사실입니다. 누군가를 변화시키기 위해 애를 쓰면 쓸수록 그의 마음은 더욱 완고해지고 더욱 더 변화를 거부하게 됩니다. 왜냐하면 대립하거나 저항하는 것이 마음의 특성이기 때문입니다. 마음은 쉽게 "예" 또는 "동의해"라고 말하지 않습니다.

이제 가장 중요한 질문은 '변화가 어떻게 일어나는가?'입니다. 다른 사람에게 변화가 일어나게 하는 유일한 방법은, 우리가 변하고 그들에 대한 우리의 반응과 태도를 바꾸는 것입니다. 우리의 반응과 태도가 변하면 상대는 계속해서 같은 방식으로 행동할 수 없게 됩니다. 자연히 그의 반응도 변하게 되지요. 바로 이것이 우리의 변화에 의해 주변 사람들의 변화가 간접적으로 시작되는 방식입니다.

또 하나 기억할 것은, 가만히 앉은 채 다른 사람이 변하기만을 바라며 그를 비난하고 욕하는 것은 가장 잘못된 방식이라는 것입니다. 그것으로는 우리 마음에 긴장과 좌절만 계속 심을 뿐, 아무런 변화도 일으키지 못합니다. 다시 말하지만, 다른 사람을 변화시키는 유일한 길은 자신을 변화시키고 타인들에 대한 우리의 반응을 바꾸는 것입니다.

기대

　누구에게도 어떤 기대도 하지 마세요. 예를 들면, 아들이니까 나를 위해 이것을 해야 하고, 친척이니까 나를 위해 그것을 해야 하고, 내가 그 사람을 위해서 매우 많은 것을 했으니까 그가 나를 위해 적어도 이것은 해야 한다는 식으로 생각하지 마세요.

　다른 사람을 위해 도움을 줄 때, 우리는 어떤 의무를 수행하는 것이 아니라 그저 할 일을 하고 있을 뿐입니다. 단지 좋은 일을 하고 있을 뿐이고, 그래서 기쁜 마음이 들어 우리 자신이 행복해지는 것이지요. 여기에서 다른 사람은 우리에게 그렇게 할 기회를 준 것이니, 우리는 오히려 그것에 대해 고마워해야 합니다.

　다른 사람을 돕는 데 대한 대가로 무언가를 얻으려는 생각이 들면, 그 행위는 상업적인 거래로 전락되고 순수한 마음이 사라지게 됩니다. 따라서 누군가를 도왔는데 그가 적절히 보답하지 않더라도 나쁜 감정이나 악의를 품지 마세요. 만일 누군가가 나의 도움에 보답한다면, 진심으로 감사하세요.

하지만 이것을 기억하세요. 우리가 좋은 일을 하면 그것은 결코 헛일이 되지 않습니다. 이러저러한 방식으로 적절하게 보상되어 우리에게 돌아옵니다.

배우자

당신의 배우자 역시 약점과 장점을 모두 가진 평범한 사람임을 인정해야 합니다. 배우자를 특별하고 이상적인 인간으로 여기면서 흠 없는 행동만 하기를 기대해서는 안 됩니다. 다른 사람과 마찬가지로 당신의 배우자 역시 어리석은 행동을 할 수 있고 독특한 습관을 가지고 있을 수도 있습니다. 이것은 결코 비정상적인 것이 아닙니다. 대부분의 사람들이 모두 다른 사람과 구별되는 기묘하고 독특한 성격이나 습관을 가지고 있습니다.

따라서 우리는 배우자가 가진 좋은 자질과 능력을 활용하도록 돕는 동시에, 그 사람의 나쁜 특성들을 인정하고 타협하거나 때론 무시하는 법을 배워야 합니다. 설교, 꾸짖음, 비판 등은 부부 사이에서 아무런 역할도 하지 못합니다. 반감과 논쟁과 비판으로는 결코 사람을 바꿀 수 없습니다. 오히려 낡은 습관과 부정적인 특성이 더 강력하게 반응하도록 만듭니다.

한 사람의 약점은 상대방의 자질에 의해 극복되거나 상쇄되어야 합니다. 이것이 이 중요한 관계에 동반되어야 할 이상적인 태도입니다. 배우자의 나쁜 습관이나 행동이 바뀌기를 원한다면, 배우자를 바꾸려는 노력 대신 우리 자신을 바꾸고 조정하려는 노력을 기울여야 합니다. 스스로 바꾸기를 원하지 않는 한 어느 누구도 그를 바꿀 수 없다는 점을 기억하세요.

자녀에 대한 집착

자녀들 역시 우리와 마찬가지로 독립된 인격체입니다. 우리와 자녀들은 이 세상에 대해 동일한 관계를 갖고 있습니다. 더욱이 성인이 된 자녀들은 우리를 통해서가 아니라 직접 세상에 대한 책임을 져야 합니다. 우리는 다만 일정 기간 동안 자녀들을 맡은 관리인일 뿐이다. 우리에게는 자녀들의 운명을 통제할 권한이 없습니다.

자녀들은 독립적인 운명을 갖고 있습니다. 우리와 그들의 관계는 일시적일 뿐입니다. 우리는 일정 시간이 지나면 세상을 떠날 것이고, 그들과 영속적이고 영원한 관계를 가지면서 그들에게 진정한 보호를 제공할 수 없습니다. 자녀들을 양육하는 데 최선을 다하되, 불필요한 감정적 유대와 환상적인 집착은 버려야 합니다.

다른 사람들을
행복하게 만드는
가장 좋은 방법은,
내가 행복해지는 것이다.

용서

    만일 누군가가 우리에게 나쁜 짓을 한다면, 우리는 그에게 복수를 하고 더 많은 해를 끼치고 싶다는 생각이 들 것입니다. 그러나 대부분의 성인들과 종교에서는 보복이 아닌 용서를 하라고 가르칩니다. "보복은 선수가 죽어도 끝나지 않는 게임"입니다. 그래서 예수 그리스도는 자신을 십자가형에 처한 사람들을 용서해달라고 기도했습니다.

    용서는 불타는 심장을 진정시키고 우리를 바로 가볍고 자유롭게 해줄 것입니다. 상대방이 용서를 받을 만한지 아닌지는 알 수 없지만, 적어도 우리 마음에 평화는 찾아옵니다. 사실 누군가를 용서하지 않음으로써 우리가 지고 가는 증오나 나쁜 마음의 짐은 우리를 해하려고 하는 사람보다 훨씬 더 많이 우리를 해칩니다.

용서란 깡그리 잊어버리고 그것을 영원히 없애버리는 것을 의미합니다. 만일 상대방을 용서한다고 말하면서도 잊지 못하면 그 문제는 잠재의식 속에 억압된 채 남게 되고, 그렇다면 결국 용서하지 못한 것이 됩니다.

용서는 용서받는 사람이 잘못된 행위의 결과에서 벗어났다는 것을 의미하지는 않습니다. 우리가 부정적인 감정과 마음의 불안에서 해방되기 위한 것이지요.

관용

　관용은 최상의 덕목입니다. 자신에게는 엄격하고, 다른 사람의 단점과 결함에는 관대해야 합니다. 다른 사람들이 끼친 해나 나쁜 말, 모욕이나 상처에 대해서도 관용을 베푸세요. 이 모든 것을 쉽게 잊고 용서할 수 있어야 합니다. 관용은 우리 마음을 강하게 만듭니다. 그러면 우리 마음은 점차 우리를 겨냥한 모든 해로운 것에 영향을 받지 않게 됩니다. 결국 관대한 사람은 모든 장벽을 넘어서는 높은 인격을 갖게 되지요.

　그러나 누군가의 행동이 사회나 인류 전체에 해로운 것이라는 판단이 들 때에는, 책임감 있는 사회 구성원으로서 침묵해서는 안 됩니다. 관용과 소심함은 다릅니다. 관용은 힘인 반면, 소심함은 나약함입니다. 소심함은 무기력함과 강제에서 나오지만 관용은 올바른 이해에서 비롯되는 것입니다.

행복은 마음의 상태이지
어떤 장소나 사물에
깃드는 것이 아니다.

나의 문제

　언제 어디서 누구를 만나든 늘 자신의 문제와 어려움을 강조하는 사람들이 있습니다. 진정으로 누군가의 도움이 필요할 때를 제외하고는 당신의 문제와 어려움을 광고하지 마세요.

　사람들은 일반적으로 다른 사람들의 문제에 큰 관심이 없습니다. 자신의 문제에만 관심이 있을 뿐이지요. 계속해서 듣는 나의 문제에 지루함을 느끼거나, 자신보다 나에게 더 많은 문제가 있다는 것에 순간적인 만족을 얻을 뿐입니다.

　다른 사람들에게 자신의 문제를 말하는 것은 마음이 편협하고 성숙하지 못하다는 것을 보여줄 뿐입니다. 실제로 우리 삶에서는 끊임없이 문제가 일어납니다. 매우 정상적인 일이지요. 그런데도 계속해서 자신의 문제를 흘리고 다니는 것은 편협하고 성숙하지 못한 마음 때문에, 일시적인 문제들을 너무 심각하게 다룬다는 것을 드러내는 것입니다.

　마찬가지로, 끊임없이 불평하고 다투는 습관을 피해야 합니다. 이것 역시 성숙하지 못하고 약한 마음을 드러내는 것일 뿐입니다.

다툼

    살다 보면 별 타당한 이유도 없이 싸움을 걸어오거나 우리에게 나쁜 짓을 하는 사람들을 더러 만나게 됩니다. 그런 상황이 벌어지는 것은 그 사람의 낮은 품격과 잘못된 습관 때문입니다. 그런 상황을 만났을 때, 맞서 싸우고 복수함으로써 그 사람이 잘못이라는 것을 입증하려 하지 마세요. 만약 싸운다면 그 사람은 더 낮은, 또는 인간 이하의 본성에 지배되어 더욱 완강해지고 더욱 공격적이 될 것입니다. 그러면 문제는 사라지는 것이 아니라 오히려 강화되지요.

    그렇다면 어떻게 하는 것이 좋을까요? 먼저 상대가 싸움을 걸거나 나쁜 짓을 하는 것은 그가 낮은 품격에 사로잡혀 있기 때문이라는 사실을 깨달아야 합니다. 그의 나쁜 본성과 마음의 낮은 상태에서 비롯되는 일에 우리가 속상해할 필요는 없습니다. 긴장하고 속상해할 사람은 바로 그 사람입니다.

누군가 싸움을 걸어오더라도 맞서서 싸우지 마세요. 우리 수준을 그 사람의 수준으로 낮출 필요가 없습니다. 누가 뭐라 하든 우리 마음의 수준과 기준을 유지해야 합니다. 누군가 싸움을 걸어올 때 가장 좋은 방법은 무시하는 것입니다. 그에 맞서 옳고 그름을 따지고 신경을 쓰고 논쟁하는 것은, 그 사람에게는 어울리지 않는 중요성과 무게를 그에게 부여하는 일입니다.

싸움을 시작하기 전에, 그 사람에게 그렇게 많은 시간과 에너지를 쏟는 것이 진정으로 어떤 소용이 있는지 생각해보세요. 또 우리의 높은 마음 지성을 통해 그런 대결의 무익함을 스스로에게 확신시키세요.

험담

생각은 매우 강력한 무기입니다. 우리가 누군가에 대해 나쁘게 생각하거나 말할 때는 언제나, 그 사람은 물론 우리에게도 해를 끼치게 됩니다. 그런 생각과 말 때문에 우리 역시 일시적으로 부정적인 감정에 휩싸이기 때문입니다. 게다가 이런 식으로 누군가에게 해를 끼치는 것은 자연의 법칙에 따라 그 벌이 우리에게 되돌아올 수 있습니다.

따라서 어느 누구에 대해서도 나쁘게 생각하거나 말하지 마세요. 좋은 일이나 나쁜 일이나, 그에 따르는 즐거움이나 고통을 겪는 것은 그러한 행위를 한 바로 그 사람입니다. 우리가 그것에 신경을 쓸 필요가 없습니다.

물론 그 행위가 우리의 성장을 방해하거나 사회에 해를 끼치는 것이라면, 확실히 사회의 보다 큰 이익을 위해 필요한 행동을 취하지 않으면 안 됩니다. 그러나 이 경우에도 그 사람에 대해 악의나 복수의 감정은 갖지 않아야 합니다. 오히려 그 사람이 스스로를 개선할 것이라고 믿는, 좋은 희망의 감정을 가져야 합니다.

또 하나, 다른 사람의 결점이 보일 때, 그에 대해 나쁜 생각이나 말을 하기 전에 기억하세요. 같은 결점을 가진 사람이 아니라면 다른 사람에게서 그 결점을 볼 수 없습니다. 다시 말해, 우리가 다른 사람에게서 보는 결함은 우리 자신이 갖고 있는 단점의 이미지라는 것입니다. 우리가 보는 외부 세계는 우리 자신의 마음의 상태 또는 우리의 내부 세계의 반영임을 기억하세요.

PART 4

행복으로 가는
강한 마음

집중

    운동이 몸을 건강하게 하는 것처럼, 집중은 마음의 힘을 키웁니다. 마음이 강한 사람은 시련과 고난에 쉽게 포기하거나 좌절하지 않습니다. 마음을 강하게 하는 집중은, 아무리 사소한 일이라도 그것에 완전히 몰입하는 것입니다. 이때 그 일을 제외한 나머지 세상은 우리에게 없는 것이 되어야 합니다. 만약 과일을 먹고 있다면, 온통 거기에 주의를 쏟으면서 과일 조각 하나하나를 완벽하게 즐기면 됩니다. 만일 목욕을 하고 있다면, 거기에 온통 주의를 기울여 그것에서 최대의 행복감을 느끼면서 충분히 즐겨야 합니다.

    한마디로, 집중은 삶에서의 성공과 행복을 위해 우리가 가져야 하는 가장 바람직한 특징인 '현재에 머무르는 법'을 배우는 것입니다.

행복은 하고 싶은 일을 하는 데서
비롯되는 것이 아니라
해야 할 일을
즐겨 하는 데에서 온다.

PART 4. 행복으로 가는 강한 마음

놓아버리기

　무엇이 우리를 행복하게 만들까요? 많은 재산과 재물을 모으고, 많은 사람들과 관계를 맺고, 많은 곳을 여행하는 것과 같은 일이 행복하게 만든다고 생각하는 사람들이 많습니다. 그러나 지나온 과거를 돌이켜볼 순간에 다다르면, 이런 생각으로 살아온 대부분의 사람들이 반문하게 됩니다. "도대체 무엇이 문제일까? 왜 이런 중요하지도 않은 것들을 그토록 부지런히 찾아다닌 걸까?"

　사실, 행복은 많은 물건들을 소유하고자 애를 쓸 때보다 욕심을 버릴 때 비로소 찾아옵니다. 더 많이 놓아버릴수록 더 안심되고 마음 편해지지요. 모든 것을 놓아버릴 때 비로소 완전히 자유로워집니다. 물론 이 '놓아버리기'는 자신이 가진 모든 것을 던지고 버리는 것을 의미하지 않습니다. 필요한 것은 모두 가지고도 정신적으로 초연할 수 있는데, 이것이야말로 진정한 놓아 버리기이지요.

이런 태도는 물질적인 소유나 경험에만 해당하는 것이 아닙니다. 우리 마음에 뿌리내리고 있는 다양한 감정들에도 적용되지요. 만약 무언가에 대해 근심하거나 누군가를 질투하거나 증오하고 있다면, 당장 이런 감정들을 돌인 것처럼 떨쳐버리고 스스로를 자유롭게 해야 합니다.

무엇인가에 집착하고 매달리면 생각과 행동은 자유롭지 못하게 됩니다. 그러면 현실을 있는 그대로 볼 수 없게 되지요. 현실을 직시하지 못하는 어리석음은 생활 속에서 불편을 초래할 뿐아니라 조화로운 생활을 깨뜨립니다.

마음의 속도

마음이 분주한 사람들은 잠시도 고요함에 머무르지 못합니다. 마음이 한 생각에서 다른 생각으로 엄청난 속도로 달려갑니다. 항상 계획하고 걱정하고 움직이고 긴장하며, 이것은 점차 깊이 뿌리박힌 습관이 되고 사고방식이 됩니다. 심지어 걱정할 필요가 없을 때에도 편안함을 누리지 못하고, 걱정할 거리를 찾고 무엇을 해야 할지 고민하면서 긴장 속에서 지냅니다.

이런 사람들에게 필요한 것이 마음의 속도를 늦추는 것입니다. 마음의 속도는 일정한 시간당 마음속에서 일어나는 생각의 수를 가리키며, 마음의 속도를 늦춘다는 것은 마음속에 생겨나는 생각의 수를 줄이는 것입니다. 지금 마음을 가로지르는 생각의 수가 천 가지인데, 그 수를 백 가지로 줄였다고 가정해보세요. 그만큼 마음의 속도가 늦추어졌다는 것을 의미하지요.

마음의 속도는 부정적인 감정이나 스트레스에 빠져 있을 때 특히 높고, 조바심을 내거나 조급해하거나 필사적일 때에는 두드러질 정도로 높아집니다. 마음의 속도가 높거나 마음속이 엄청난 양의 생각들로 분주하다는 것은, 약하고 제어되지 않는 마음을 드러내는 것입니다.

마음의 속도를 줄이는 방법은, 마음이 현재 손 안에 있는 활동에만 주의를 기울이게 하는 것입니다. 과거의 기억이나 후회, 미래에 대한 기대와 우려는 접어두고, 현재를 사는 법을 배우세요. 생각이 시간을 거스르거나 앞질러 과거와 미래로 향할 때만 마음의 속도가 빨라집니다. 그러면 마음이 분주한데도 당장 해야 할 현재의 과제도 제대로 수행하지 못하게 됩니다.

일반적으로, 우리는 무엇인가를 할 때 그 일이 끝나면 여가를 즐길 수 있을 것이라고 기대하면서 현재 누려야 할 행복을 포기합니다. 불확실한 미래를 위해 지금 주어진 시간을 불행에 소비하는 것이죠. 지금 누려야 할 행복을 방해하고 마음을 부단히 동요하게 하는 것은, 미래 지향적이고 질주하는 마음입니다.

일단 마음을 느긋하게 하고 당장 해야 할 활동에 초점을 맞추어보세요. 그렇게 하기만 해도 이전에는 무척 지루하고 재미없던 일상의 일들이 매우 재미있고 큰 기쁨과 만족의 원천이 된다는 것을 알게 될 것입니다. 일에서 기쁨과 행복을 경험하기를 원한다면, 일을 가능한 한 일찍 마치려고 서두르는 태도를 버리고, 아무리 사소한 것이라도 그 일에 주의를 기울여야 합니다.

행복해지기를 기다리면
영원히 기다리게 되고,
지금 행복하다면
영원히 행복하다.

마음의 태도

　삶에 있어 가장 중요한 사실 중 하나는, 우리 눈앞에 펼쳐진 현실을 '어떤 측면으로 바라보는가'입니다. 안타깝게도 대부분의 사람들은 이것을 그다지 중요하게 여기지 않는 듯합니다. 그러나 이것은 우리의 인성과 성격을 형성하는 가장 큰 요인입니다. 모든 것을, 심지어 가장 불행한 상황도 긍정적으로 바라보는 습관을 길러야 합니다. 마음의 태도를 바꿈으로써 어떤 부정적인 상황도 긍정적인 상황으로 바꿀 수 있습니다.

　만약 누군가가 우리를 모욕하거나 화가 나서 우리에게 나쁜 말을 한다 해도, 그에 대해 나쁜 감정을 느낄 필요가 없습니다. 그저 '그가 기분이 상해 있거나 아직 제대로 성숙하지 않아서 이렇게 말하는구나'라고만 생각하세요. 물론 그에 대해 어떤 적의도 품지 않아야 합니다. 이것이 진정한 긍정적 태도입니다.

긍정적인 사고는 물리적 조건과 환경을 자신도 모르게 좋은 방향으로 변화시킵니다. 왜냐하면 정신적 끌림에 의해 생각이 물리적 조건과 환경을 끌어들이기 때문입니다. 예를 들어, 특정한 병에 걸릴지도 모른다는 생각을 반복해서 한다고 가정해봅시다. 그럼 머지않아 그 병의 증상들이 우리에게 나타나기 시작합니다. 그것이 생각의 힘입니다.

긍정적인 상태를 유지함으로써 우리는 스스로를 이롭게 할 뿐만 아니라, 긍정적인 분위기를 우리 주변에 만들어낼 수 있습니다.

편견과 선입견

　우리는 생각보다 쉽게 편견과 선입견을 갖습니다. 편견과 선입견을 갖는 이유는 분명합니다. 사물을 총체적으로 보지 않고 한 부분만 보고서 의견을 말하거나, 사전에 이미 만들어진 우리의 신념에 영향을 받기 때문이지요.

　부분적인 모습만으로 결론을 내리지 말고 전체 그림을 보도록 노력해야 합니다. 그러기 위해 파편적이고 부분적인 시각을 피하고 적절하면서 세부적인 사항들을 모아야 합니다. 불완전하고 파편적인 정보에 근거한 소문은 누군가에게 피해를 줄 수 있습니다.

　지적인 발전을 바라는 우리는 모든 일에 불편부당하고 초연하며, 한 부분에 사로잡히지 않아야 합니다. 사물에 대한 결론은, 그와 관계된 모든 사실과 장단점을 관찰하고 총체적으로 살펴본 다음에야 내릴 수 있는 것입니다. 어떤 것에 대해 증오와 혐오를 품거나 지나치게 집착하는 것, 둘 다 피해야 합니다. 이성은 우리에게 모든 것을 합리적이고 전체적인 시각으로 신중하게 따져봄으로써 중용에 머물 것을 가르칩니다.

잠재의식

　잠재의식은 마음을 위한 창고입니다. 우리가 보고 듣고 생각하고 느끼고 경험하는 것은 모두 여기에 영원한 기억으로 저장됩니다. 심지어 생각과 감각과 인상도 함께 보관됩니다. 그런데 문제는 우리가 여기에 감정적 쓰레기와 부정적인 것, 예컨대 증오, 복수, 공포, 분노, 질투 등을 함께 넣기도 한다는 것입니다.

　혼란은 여기에서 시작됩니다. 어떤 사람들은 스스로 깨닫지 못하는 상태에서 잠재의식 속에 부정적인 것을 부단히 쏟아붓습니다. 부정적인 것을 생각할 때마다 그것은 즉각 잠재의식에 투입되고, 잠재의식으로 들어간 것은 다음 순간 동일한 것을 우리에게 되돌려줍니다. 즉, 부정적인 인상들과 감정들이 충동과 욕구와 열정의 형태로 파문을 일으키고 마음을 계속 괴롭히는 것입니다. 우리를 괴롭히는 무시무시한 꿈은 잠재의식의 이런 부정적이고 사려 없는 프로그래밍의 결과입니다.

　그렇다면 탈출구는 없을까요? 우선 강하고 긍정적인 생각과 감정을 잠재의식에 공급해야 합니다. 이것은 잠재의식을 채우고 있는 부정적인 것들과 불순한 것들을 점차로 파괴할 것입니다. 긍정적인 것에는 부정적인 것을 극복하는 힘이 있기 때문입니다.

독립과 의존

어떤 결정을 내려야 할 때, 다른 사람들에게 의존하는 사람들이 생각보다 많습니다. 이것은 자기 확신이 부족하고 나약한 마음을 가졌기 때문입니다. 대부분의 경우, 우리는 우리 문제를 스스로 해결하고 스스로 결정해야 합니다. 다른 사람에게 상담을 받을 수도 있지만, 그렇다 하더라도 자신에 관한 최종 결정은 결국 스스로 내려야 합니다.

다른 사람들에게 의존하는 사람은 결코 성공하지 못합니다. 위대한 사람이나 성공한 사람들은 모두 삶에서 만나는 일정한 위험들을 받아들이고 독립적인 결정을 내렸던 사람들입니다. "성공하려면 삶에서 크고 작은 도랑을 건너지 않으면 안 된다"는 말을 기억하십시오.

어리석은 사람은
멀리서 행복을 찾지만,
현명한 사람은 내부에서,
자기 존재 중심에서 찾는다.

불행과 운

불행한 일을 당할 때마다 운을 탓하는 사람들이 있습니다. 운이 어디 먼 곳에서 와서 주어지는 것처럼 말합니다. 하지만 우리 자신의 행운과 불행에 대해 100% 책임이 있는 사람은 바로 우리입니다. 우리는 우리 손으로 운명을 만들어왔습니다. 과거가 현재를 만들었고 현재가 미래를 만들 것입니다. 오늘 경험하는 것은 과거에 한 일의 결실입니다. 만일 매우 신중하게 현재를 잘 관리한다면, 미래는 우리 손 안에 있게 됩니다.

따라서 불행한 일을 당할 때 운수를 저주하는 대신, 오히려 현실에 담대하게 맞서야 합니다. 삶에 대한 자기 책임을 받아들이고 현재 자신의 생각과 말과 행위가 미래를 조형하는 틀이라는 것을 깨달으면, 삶에 대한 우리의 태도에 중대한 변화가 생길 것입니다.

게다가 우리는 현재 운명을 수정하고 바꿀 힘도 가지고 있습니다. 따라서 운명의 손 안에 있는 무력한 노예가 될 필요가 없습니다. 갤리선의 노예처럼 운명의 바퀴 속에서 끝없이 회전할 필요가 없습니다. 우리는 이 바퀴에서 빠져나와 통제를 받는 것이 아니라 통제할 수 있는 힘을 가지고 있습니다. 우리 의식 수준이 올라가면 우리에 대한 운명의 지배력은 약해집니다.

고난과 문제

　살아가는 동안 마주치는 다양한 문제와 고통, 불편을 피하고 싶은 것은 인지상정입니다. 그러나 그것들이 정말 그렇게 고통스럽고 불편한 것일까요?

　우선, 우리의 생각을 바꿀 필요가 있습니다. 이런 고통과 불편은 우리에게 부족한 부분을 강화하고 성장시키기 위해 지금 이 순간 필요한 것이라고 인식하는 것입니다. 그것들을 우리를 위한 시험이라고 여기고, 맞서지 말고 일정한 자기평가와 자기성찰을 통해 거기서 필요한 교훈을 배우면 됩니다.

　실제로 우리는 많은 문제나 곤경에서 상당히 많은 것을 배우고 얻습니다. 그리고 그것들을 우리에게 유리하게 활용하기도 합니다. 이것이 우리 삶이 가진 놀라운 면입니다. 역경과 곤경에 처할 때마다 이 문제가 어떤 메시지를 보내는지, 그것에서 무엇을 얻을 수 있는지를 스스로에게 물어보세요. 문제를 해결한 후에는 틀림없이 더욱 현명해지고 더욱 성숙해질 것입니다.

삶에서 우리에게 일어나는 일은 모두 우리를 위한 것이라는 점을 기억하세요. 겉보기에 잔혹하고 해로운 것처럼 보이는 환경 속에도 우리가 그것에 관해 적절하게 숙고하면 깨달을 수 있는 우주의 무한한 자비가 숨어 있습니다.

두려움

두려움은 정신적 에너지를 고갈시키고 성장을 방해하는 장애물입니다. 두려워하거나 의심하면 그 대상이 무엇이든 간에 실제로 주변에 있는 그런 조건과 환경을 끌어들입니다. 이것이 우리 삶에서 흔히 발견되는 끌림의 법칙입니다.

그러나 우리가 진정으로 두려워할 것은 이 세상 어디에도 존재하지 않습니다. 이 우주 속의 그 어떤 것도 우리를 해치도록 설계되지 않았습니다. 공포를 없애는 가장 좋은 방법은 우리가 두려워하는 바로 그 생각을 거부하면서 의도적으로 그에 맞서는 것입니다.

공포는 우리가 그것을 극복할 때까지 계속해서 우리에게 달려듭니다. 두려워하면 할수록 더욱 겁먹게 만들지요. 그러나 그것에 대해 무관심하면서 두려워하지 않고 맞선다면 정반대의 현

상이 일어납니다. 즉, 공포가 우리를 떠나갈 것입니다. 혹 일이
잘못되어 염려하던 일이 실제로 일어난다 하더라도, 우리가 생
각하고 상상한 만큼 그렇게 무섭지도 고통스럽지도 않습니다.
이것은 우리가 잘 알면서도 잘 잊는 위대한 진리입니다.

죽음에 대한 공포

우리 인생에서 죽음은 매우 자연스러운 현상입니다. 자연 법칙에 따르는 것은 모두 고통스러운 것도 무서운 것도 아닙니다. 잘못된 생활방식이나 안타까운 사고로 인한 죽음을 제외한다면, 죽음 역시 자연 법칙에 따르는 것입니다. 위대한 작가 스위프트Swift의 말처럼, "자연의 섭리에 의해 인류에게 악誰으로 고안된 것 가운데 죽음만큼 자연적이고 필연적이며 보편적인 것은 없습니다."

죽음은 단지 한 삶에서 다른 삶으로 옮겨가는 것으로, 두 삶 사이에 있는 휴식과 자기 평가의 시간입니다. 죽음 후에 우리는 물리적 육체를 갖지 않고 물리적 세계와 상이한 파동을 갖는 영적 세계에서 영적 육체를 지닌다는 사실을 제외하면, 죽음 이전과 꼭 같은 상태입니다. 마음의 태도와 개성은 죽음 후에도 같은 상태를 유지합니다. 죽음은 잠과 비교될 수 있는데, 그 차이는 평소의 잠에서는 동일한 육체로 깨어나는 반면 죽음에서는 새로운 영적 육체로 깨어난다는 점입니다.

믿음

의심은 부정적인 마음 상태에서 비롯됩니다. 상대를 믿지 못하고 의심하고 경계하면서 관계를 시작하지 마세요. "사람을 불신하는 것보다는 기만을 당하는 편이 더 낫다"라는 격언처럼 믿음을 갖지 못하는 것보다 못한 것은 없습니다.

믿음과 신뢰를 잃지 마세요. 그런데도 누군가가 우리를 속인다면, 실제로 그가 속이는 사람은 우리가 아니라 그 자신임을 기억하세요. 자연의 법칙에 따라, 그는 우리에게 끼친 해보다 더 많은 고통을 겪게 될 것입니다. 바다 밑에서든, 하늘 위에서든 악한 행위를 하면, 거기에서 도망칠 수 있는 사람은 없습니다.

행복은 아기의 미소,
새의 노래, 친구의 편지,
창을 통해 들어오는 햇빛 같은
작은 것에서 발견된다.

배려

자신의 편안함과 이익을 위해 일하려는 태도를 버리세요. 자신뿐만 아니라 온 세상이 더 행복하고 더 나아질 것이라는 관점에서 일하려고 노력해야 합니다. 예컨대, 사무실에 냉장고가 없다고 가정해봅시다. 이때 '내가 편안해지기 위해 냉장고를 하나 두어야겠다'고 생각할 수 있습니다. 다른 한편으로는 사무실에 있는 모든 사람들의 편리를 위해 냉장고를 마련해야겠다고 생각할 수도 있습니다. 후자가 바로 온 세상에 이득이 되게 하는 더 폭넓은 태도입니다.

따라서 복지에 대한 관심은 자신이나 가깝고 소중한 몇몇 사람들에게만 한정되어서는 안 됩니다. 그 관심은 온 세상을 포함해야 합니다. 만일 누군가가 어딘가에서 고통을 당하고 있는 것을 듣거나 본다면, 우리가 고통을 당할 때와 똑같은 연민과 염려가 가슴에 일어나야 합니다. 무엇이든 우리가 필요로 하는 안락과 사치는 다른 사람 역시 필요로 하며, 우리가 느끼는 불편과 고통은 다른 사람에게도 마찬가지라는 사실을 분명히 깨달아야 합니다. 그러면 세상 모든 사람이 같아집니다. 가까운 사람, 먼 사람이 따로 없어지지요.

다른 사람들의 복지와 행복 속에 우리의 행복이 있습니다. 만일 이웃이 울고 있다면, 기쁨과 풍요 속에서도 우리는 계속 행복할 수 없습니다.

약점

　누구에게나 약점은 있습니다. 그러나 약점을 극복하는 사람은 많지 않습니다. 일단 약점을 인정하세요. 그것만으로도 우리는 그것들을 제거하는 데 한 걸음 나아간 것입니다. 다른 사람들 앞에서도 자신의 약점을 인정하는 데 주저해서는 안 되며, 그것을 숨기려 해서도 안 됩니다. 이러저러한 약점을 가지고 있고 실수도 저지르는 것이 인간에게 자연스러운 일입니다. 중요한 것은 스스로 약점을 인정하고 그것을 고치려는 노력을 시작하는 것입니다. 이런 노력이 우리를 동물과 구별되게 만듭니다.

　우리의 약점을 아는 까닭에 다른 사람들이 우리를 보잘것없이 생각한다고 느낄 수도 있습니다. 하지만 실제 우리 존재보다 덜 인정받는 것이 더 낫다는 것을 알아야 합니다. 실제보다 더 높게 인정받아 매순간 다른 사람들의 기대에 부응하기 위해 안간힘을 쓰는 것은 더 큰 고통입니다. 게다가 사람들이 우리를 어떻게 생각하느냐는 중요하지 않습니다. 정말 중요한 것은, 우리에 대한 우리 자신의 견해입니다. 다른 사람의 눈이 비친 내가 아니라 내 자신의 눈으로 나를 바라보는 법을 배워야 합니다.

낙관적인 태도

항상 낙관적인 태도를 유지하세요. 과제를 수행하는 과정에서 얼마나 많은 실패를 겪든, 성공에 대한 낙관적인 태도를 유지해야 합니다. 우리가 올바른 길을 간다면 우리가 성취하고 싶은 것을 성취하지 못하도록 막을 힘은 존재하지 않습니다. 필요조건은 확고한 믿음과 단호한 마음뿐입니다.

또한 우리가 기울인 가장 사소한 노력조차도 헛되지 않는다는 것을 기억하세요. 이것 역시 자연의 법칙입니다. 지금 우리가 감당하고 있는 다양한 수고와 고통과 불편은 조만간 분명히 결실을 가져올 것입니다. 따라서 최악의 경우처럼 보일 때에도 그만두지 말고 노력을 계속하세요. 우리가 얼마나 가까이 왔는지 우리는 결코 알지 못하며, 한 번만 더 박차를 가하면 성공할지도 모를 일입니다.

"실패 속에 성공 비밀이 숨어 있다"는 격언은 매우 사려 깊게 쓰인 말입니다. 성공과 실패, 쾌락과 고통, 밤과 낮 등은 동전의 양면처럼 하나를 다른 하나에서 분리할 수 없습니다.

불행

　불행이 닥쳤을 때 사람들이 보이는 반응은 제각각입니다. 어떤 사람들은 삶에 더 이상 아무것도 남지 않은 양 우울해하고 절망적인 상태에 빠집니다. 비극에서 비롯된 감정적 충격이 마음에서 사라질 때까지, 그들은 계속해서 이 불행한 상태에 빠져 시간을 낭비하고 삶을 허비합니다.

　우리는 비극과 불행 역시 삶의 일부로 받아들여야 합니다. 그것들은 원하든 원치 않든 계속해서 나타날 것입니다. 언제 닥칠지 모르는 재앙을 받아들이고 그것들과 화해하는 법을 빨리 배울수록 더 빨리 평화를 되찾게 될 것입니다. 어떤 불행이든 가능한 한 빨리 적응하고, 이전과 같은 속도로 다시 행동을 시작해야 합니다.

　이 세상에서 유일한 현실은 변화입니다. 우리가 그것을 어떻게 멈출 수 있겠습니까? 삶은 강물과 같습니다. 끊임없이 흐르지요. 삶은 인생의 특정 지점에서 멈출 수 없습니다. 그러니 받아들이고, 적응하고, 다시 행동을 시작해야 합니다.

PART 5

마음 가는 대로
살아가기

마음의 힘

살아가는 동안 우리는 다양한 문제를 만납니다. 때론 쉽게 해결되는 것도 있지만, 때론 해결하기 쉽지 않은 것들도 있지요. 그런데 대부분의 사람들이 이 모든 문제가 끝나야 삶의 발전이 시작된다고 생각합니다. 그러나 문제는 삶의 일부이고, 결코 끝나지 않습니다. 한 문제가 끝나면 또 다른 문제가 시작됩니다. 이것이 삶의 본성입니다.

우리는 삶에서 다양한 문제들을 직면하게 되고, 거기서 더욱 성장하기 위해 필요한 교훈들을 배우게 됩니다. 이것은 우리에게만 해당되는 것이 아니라 모든 사람에게 마찬가지로 적용되며, 어느 누구도 피해갈 수 없는 일입니다.

우리 문제가 무엇이든 더 나은 성장을 위한 문은 늘 열려 있습니다. 누구에게나, 아무리 사악한 사람이라 하더라도, 모든 문이 닫혀 있는 경우는 결코 없습니다.

그리고 우리 마음의 힘보다 더 강해서 해결할 수 없는 문제는 세상에 존재하지 않는다는 것을 기억하세요. 우리에게 문제가 닥칠 때는 그 해결책도 함께 온다는 것이 일반적인 경험입니다. 게다가 우리가 견딜 수 있는 것보다 더 많이 견뎌야 하는 일은 우리에게 오지 않습니다.

삶은 안락하고 자신에게는 절대 아무런 문제도 닥치지 않을 것이라는 생각은 매우 어리석은 생각입니다. 삶에는 항상 굴곡이 존재하고 예상치 못했던 일들이 생긴다는 것을 당연히 여겨야 합니다. 어떤 일이 닥치더라도 준비되어 있어야 합니다.

양면

세상은 본성상 이원적입니다. 그래서 모든 것은 두 가지 반대되는 측면, 즉 낮과 밤, 삶과 죽음, 여름과 겨울, 남성과 여성, 젊음과 늙음, 쾌락과 고통, 기쁨과 슬픔, 결합과 분리 등으로 구성되어 있습니다. 이 두 가지 측면은 동전의 양면처럼 서로 분리될 수 없습니다. 세속적인 사물들은 모두 이 같은 본성을 가집니다.

이런 본성에 따르면, 무엇이든 우리에게 즐거움을 주는 것은 고통도 줄 수밖에 없다는 결론에 이르게 됩니다. 지금 우리와 연관된 사람이나 사물도 언젠가는 우리에게서 떠날 수밖에 없습니다. 만일 어떤 소득이나 이득을 얻었다면 언젠가는 상실을 경험하게 될 것입니다. 만약 무언가로부터 이점을 얻는다면 그와 더불어 불리함도 얻게 될 것입니다.

예컨대, 결혼은 우리에게 특정한 쾌락과 이점을 갖게 하지만 책임이 늘어나는 불리함도 줍니다. 마찬가지로 집을 소유하면 그로 인해 얻는 이점과 동시에 그것과 연관된 걱정과 긴장도 갖게 됩니다.

모든 것이 마찬가지입니다. 사람들은 때론 한 측면만 보고 좋다거나 나쁘다는 결론을 내립니다. 또 다른 측면이 있다는 것을 잊는 것이죠. 보이는 것만이 현실인 것은 아니라는 말은 바로 이 때문입니다. 이 같은 이치는 신성한 균형의 법칙이라고 할 수 있습니다. 따라서 만일 고통과 불편을 원하지 않는다면 쾌락과 사치에 대한 욕망도 버려야 합니다. 만일 모욕을 원하지 않는다면 칭찬에 대한 욕망도 버려야 하지요.

이런 사실을 깨달으면 쾌락과 물질적인 욕망에 대한 집착은

줄어들 것입니다. 세상의 이원성에 영향을 받지 않는 가장 좋은
방법은, 관중인 것처럼 성공에 마냥 행복해하지도 않고 실패에
슬퍼하지도 않으면서 초연해지는 것입니다.

행복은 우리의 고유한 본성이다.
우리 안에서 발견될 뿐
외부에서 얻어지는 것이 아니다.

완벽주의

　매사에 완벽해지기를 바라면서 압박감에 억눌려 사는 사람들이 있습니다. 자신들이 그렇게 할 수 없다는 이유로 압박감을 느끼는 것입니다. 여기에서 우리가 기억해야 할 점은, 우리는 바로 인간이기 때문에 불완전하다는 것입니다. 우리가 어느 수준에 도달하는가와 무관하게 우리는 실수를 저지르지 않을 수 없습니다. 끊임없이 지식을 쌓고 실천함으로써 불완전함을 줄일 수는 있지만, 흠 없는 완벽을 성취할 수는 없습니다.

　따라서 어떤 문제에 대해 단 하나뿐인 완벽한 해결책을 찾는 것은 어리석은 일입니다. 그 하나뿐인 해결책을 찾느라 스트레스를 받는 대신, 실용적인 목적에 비추어볼 때 충분히 해볼 만한 적절한 해결책들을 찾으려 노력해야 합니다. 완벽만을 기대하다 보면 결국에는 끊임없는 스트레스에 시달리게 될 뿐입니다.

실수를 저지르는 것은 인간에게 지극히 자연스러운 일입니다. 숨기거나 부끄러워할 필요가 없습니다. 중요한 것은, 실수에서 교훈을 얻고 스스로를 부단히 개선해 나가는 것입니다. 그리고 이를 통해 가능한 한 우리의 불완전함을 줄이는 것이지요.

지나친 계획

생각에 생각을 거듭하면서 많은 시간을 보내는 사람들이 있습니다. 이러저러한 일들을 하고 싶다고 생각하면서 많은 계획도 세우지요. 비록 의도가 나쁘지 않고 삶에서 무엇인가를 배우고 성취하기를 진정 바란다 하더라도, 그들은 원하는 것을 성취할 수 없습니다. 왜냐하면 그들의 접근방법이 적절하지 않기 때문입니다.

그들은 대부분의 시간을 생각하고 계획하는 데 빼앗기고 있습니다. 실제로 일하는 동안에도 그들의 마음은 계속해서 미래로 가 있습니다. 따라서 현재의 일에 적절히 집중할 수 없습니다. 게다가 그들은 원하는 것을 성취하지 못한다는 것 때문에 좌절과 침체에 빠질 위험이 아주 높습니다.

원하는 일을 잘해내기 위해서는 생각과 계획이 반드시 필요하지만, 마음속에서 계속되는 수다는 바람직하지 않습니다. 삶에서 최대한을 성취하는 가장 좋은 방법은 이 내적 수다를 멈추는 것입니다. 오랫동안 게으름을 피우거나 백일몽을 꾸지 않는 것이지요.

매순간 무언가를 선택해서 거기에 몰두하세요. 그 일이 끝나면 또 다른 것을 선택해서 거기에 몰두하세요. 우리가 이미 알고 있듯, 우리의 희망과 계획 역시 흐르는 시간과 함께 계속 변합니다. 예를 들면, 지금 우리의 바람과 계획은 20년 전과 같지 않습니다. 그때 우리는 특정한 것들에 매우 필사적이었지만, 지금은 그렇지 않지요.

앞에서도 언급했듯이, 기쁨을 누리고 행복하기 위해 지금의 계획이 모두 실현될 언젠가를 기다려서는 안 되는 이유가 바로

이것입니다. 최종 목표에 이르게 할 각각의 일과 활동에 철저히
초점을 맞추면서 그 과정에서 곧바로 기쁨을 이끌어내지 않으면
안 됩니다. 기쁨과 행복은 지금 이 순간 할 수 있는 최선을 다해
활동하는 능력에 달려 있습니다.

불확실한 미래를 위해
지금의 행복을 포기하는 것은
어리석은 일이다.

충동

일상생활에서 느끼는 충동은 자연스러운 것입니다. 하지만 충동에 따라 행동하는 것은 어리석습니다. 무엇이든 진정으로 마음에 다가올 때 행동하거나 말해야 합니다. 충동에 따르는 것은 나약한 마음의 표시입니다. 늘 마음을 점검하고 통제해 결코 나약한 마음의 노예가 되지는 마세요. 양심과 연관된 지성이 이런 비교적 낮은 충동보다 우위에 있어야 합니다.

예를 들어, 건강을 위해 다이어트를 하는 사람이 도넛에 달콤한 크림이 잔뜩 들어간 커피를 먹고 싶다는 생각이 갑자기 떠올랐다고 가정해봅시다. 그에게는 두 가지 선택을 할 수 있습니다. 하나는 바로 뛰어나가서 욕망을 충족시키는 것이고, 다른 하나는 마음을 점검하고 바로 뛰어가 먹는 것이 얼마나 합리적인가를 지성적으로 검토하는 것입니다. 그리고 두 번째 길을 택한다면 그의 의지는 더욱 커지고 강해지지요.

언제 어디서나 이런 유형의 인내력을 발휘하려고 노력하고, 사사로운 문제와 감각적 쾌락을 향한 서두름과 열망과 필사적인 태도를 피해야 합니다. 이렇게 인내력을 발휘하면 의지력과 마음의 힘이 점차 커질 것이고, 그러면 우리는 만족스럽고 흡족한 삶을 위한 필수적인 전제조건을 얻게 되는 것입니다.

통제된 마음의 힘은 댐에 갇힌 물과 같습니다. 댐을 건설해 물을 통제하고 흐름을 돌릴 때 엄청나게 커지는 물의 힘처럼, 커집니다.

진실하고 공정한 거래

"진실은 결코 쓰러질 수 없고, 거짓은 결코 일어설 수 없다."

이 말을 기억하세요. 우리는 일시적으로 거짓과 부정직함의 유혹에 빠질 수도 있습니다. 그러나 결국 진실만이 승리하고 이깁니다. 진실의 배는 삶의 시련들 속에서 흔들릴 수는 있지만 결코 물에 빠지지는 않으니까요.

거짓이나 부정직함, 기만은 필연적으로 부정적인 반작용을 불러옵니다. 그리고 우리는 행위의 결과를 반드시 감내해야 합니다. 그것은 지연될 수는 있지만 결코 없어지지는 않습니다. 좋은 행위에 대해서는 언젠가는 필연적인 보상이 따르고, 나쁜 행위에 대해서는 피할 수 없는 처벌이 다릅니다.

겉과 속이 같은 사람이 되세요. 생각과 말, 그리고 행위는 서로 닮은 모습이어야 합니다. 오늘날 많은 사람들이 두 얼굴을 가진 것처럼 보입니다. 하나는 진정한 얼굴이고, 다른 하나는 다른 사람에게 보여주기 위한 거짓 가면 같은 얼굴입니다. 따라서 그들의 내면과 외면은 서로 부합되지 않습니다. 그러나 진실은 숨길 수 없습니다. 진실은 드러날 때까지 쉬지 않는 힘을 갖고 있지요.

사소한 것들

주어진 과제가 아무리 작더라도 하나하나에 초점을 맞추고 집중력을 발휘해 수행해야 합니다. 크든 작든 모든 것을 중요하게 보기 시작할 때, 비로소 우리는 행복으로 나아가는 길로 들어서게 됩니다.

큰일을 성공적으로 완수하는 것이 반드시 행복으로 가는 길은 아닙니다. 사람의 행복은 삶에서 모든 일을 하나하나 어떻게 수행하는가에 의해 자연스럽게 찾아옵니다. 진정으로 큰 행복은 레몬 껍질을 벗기는 작고 사소한 일에서나 몇 억 원짜리 프로젝트에서나 마찬가지로 느낄 수 있습니다.

한번에 하나

우리는 수없이 많은 문제들에 둘러싸여 살아갑니다. 하지만 그 모든 문제를 동시에 해결하지는 못 합니다. 단 하나의 문제마저 적절히 해결하지 못하는 경우도 많습니다. 따라서 모든 문제를 동시에 생각하고 다루려 하지 말고, 문제의 목록을 만들고 한번에 한 가지 문제에만 집중하세요. 이것이 올바른 접근방법입니다.

한번에 한 가지 문제만 처리할 때, 우리는 그 문제가 불가항력적인 장애가 아니라 활력을 주는 것임을 깨닫고, 문제를 해결하는 모험의 즐거움을 느끼게 됩니다. 문제들에 압도당하는 것은 모든 문제를 동시에 살피면서 해결하려 할 때뿐입니다.

하루하루

인생을 하루 단위로 나누고, 한번에 하루씩 살며 즐기도록 노력해보세요. 어제와 내일에 대한 후회와 염려는 버리세요. 그러면 하루치 문제만 남게 됩니다. 누구든 하루치 문제는 극복할 수 있습니다. 어제의 문제와 내일의 염려를 오늘의 짐에 보탤 때에만 힘에 겨운 짐이 됩니다.

인생을 작은 단위로 나누면, 과거와 미래로 인한 산만함 없이 온 마음을 그 단위에만 쏟고 그것으로부터 기쁨을 얻을 수 있습니다. 마음이 현재에 고정되어 있지 않고, 과거와 미래로 동시에 움직인다면 현재의 과제를 잘 수행할 수 없습니다. 심지어 하루를 시간과 분으로 더 잘게 나눠, 다른 것은 모두 잊고 매순간을 즐길 수도 있습니다.

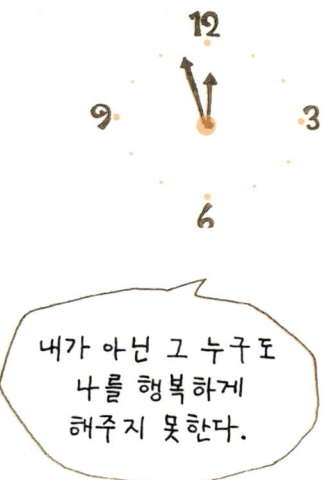

내가 아닌 그 누구도
나를 행복하게
해주지 못한다.

시간

'시간이 없다'는 말은 변명일 뿐입니다. 보통 사람들은 오성급 호텔에서 열리는 파티에 초청받거나 공짜 공연티켓을 얻었을 때에는 '시간이 없다'고 말하지 않습니다.

"가장 바쁜 사람이 여가가 가장 많다"는 말이 있습니다. 이것은 비록 가장 바쁜 사람이라도 원한다면 적절한 일정관리를 통해 시간을 만들 수 있다는 말이지요. 이때 필요한 것은 단 하나, 우리의 '욕구와 의지'입니다. 만일 관심이 없거나 바라지 않는 일이라면 비록 한가하다고 하더라도 그 일을 할 수 없을 것입니다. 시간이 없다는 핑계로 일을 포기한 대신, 먹고 자고 잡담하거나 텔레비전이나 영화를 보고, 소설이나 잡지를 읽고, 시장을 어정거리면서 시간을 낭비할 것입니다.

따라서 자신의 발전을 위한 계획을 실행하거나 다른 사람들과 더불어 사회를 위해 유용한 일을 하는 데 시간이 없다는 핑계를 대지 마세요. 원하기만 한다면 우리에게 그 일을 할 수 있는 시간은 충분합니다.

도움

누구에게 도움을 받거나 주는 데 주저함이나 거리낌이 있어서는 안 됩니다. 서로 자유롭게 도움을 받고 주는 것이 자연의 섭리입니다.

하지만 비록 누군가가 당신에게 도움을 주기를 거부하거나 당신의 도움을 인정하지 않는다 하더라도 악의를 품어서는 안 됩니다. 다른 사람을 돕는 것으로 우리의 마음은 성숙되고 정화됩니다. 우리는 우리에게 이런 행위를 할 수 있는 신성한 기회를 준 그 사람에게 오히려 감사해야 합니다.

물질적인 도움이든 지식이든 지도指導든 무언가를 다른 사람에게 준다고 해서 우리에게 그것이 부족해지지는 않습니다. 오히려 신성한 자연의 법칙에 의해, 더 많이 줄수록 더 많은 것이 돌아오지요.

비 교와 경쟁이 끝나는 곳에서
행복이 시작된다.

PART 6

행복한 생활을 위한
마음가짐

세상의 변화

개인이 세상이나 사회의 영향을 받는 것처럼, 세상이나 사회 역시 개인의 영향을 받지 않을 수 없습니다. 그러니 각 개인이 자신과 자신의 환경을 변화시키기 위해 본분을 다한다면 전체 세상을 바꾸는 것도 매우 쉬워질 것입니다.

따라서 세상의 변화를 원한다면 가장 먼저 자신을 변화시켜야 합니다. 다른 사람들이나 사회가 먼저 바뀌기를 기다리거나 비난하기만 하는 것은 아무런 도움이 되지 않습니다. '다른 사람들이 변하지 않는데 나만 변한다고 무슨 일이 일어나겠어?'라는 생각은 무책임한 것입니다.

우리가 먼저 변화한다면 다른 사람들의 본보기가 되어, 아무리 작은 것이라도 분명히 세상의 변화를 가져옵니다. 일단 우리가 변화하기 시작하면, 주변 사람들과 주변 환경이 우리에게 유도되어 자연히 변화하기 시작할 것입니다.

　세상을 변화시킬 직접적인 방법은 없습니다. 그것은 그저 일어나는 일일뿐 행하는 일이 아닙니다. 다시 말해, 우리가 세상을 변화시키기 위해 할 수 있는 유일한 일은 자신을 변화시키는 것이지요.

PART 6. 행복한 생활을 위한 마음가짐

자신과의 평화

혼자 있는 것을 못 견디는 사람들이 있습니다. 이것은 자신과 평화로운 상태에 있지 못하다는 것을 의미합니다. 혼자 앉자마자 그를 괴롭히는 많은 갈등과 불안이 내부에 있다는 것이지요. 마음이 내적인 불안으로 인해 다른 대상, 즉 외부에서 마음의 버팀목을 찾으려 할 때, 그냥 내버려두지 마세요. 그런 방법은 진정한 해결책이 아닙니다. 이런 임시방편적인 조치는 가슴 깊이 갈망하는 영원한 평화와 만족을 주지 못합니다.

우리가 갈망하는 평화를 얻기 위해서는 스스로와 타협해야 합니다. 자신에게서 달아나는 것은 결코 평화를 얻는 길이 아닙니다. 평화의 성취를 미루는 길일 뿐입니다. 따라서 자신을 좋아하는 법과 자신과 사는 법을 배워야 합니다. 결국 우리와 더불어 사는 것은 우리 자신이지 다른 무엇이 아닙니다. 군중 속에서도 혼자임을 느끼고 혼자 있으면서도 사람들 가운데 있다고 느끼는 태도를 발전시켜야 합니다.

우리는 습관처럼 군중 속에 머물려 합니다. 비록 현실에서는 혼자인 것이 진실이라 하더라도, 혼자가 되는 것을 두려워합니다. 우리는 홀로 이 세상에 왔고 지금도 혼자이며, 훗날 혼자 떠날 것입니다. 수백, 수천의 사람들에 둘러싸여 있을 때조차 항상 혼자인 것이 인간이지 않습니까?

혼자임을 인정하고, 그것을 경험해야 합니다. 매일 잠깐 동안이나마 마치 세상에 혼자뿐인 것처럼 살아야 합니다. 그 시간 동안 나는 남편도 아니고 아내도 아니며, 아버지도 아들도 아닙니다. 또 선생님도 학생도 아니며, 남자도 여자도 아닙니다. 나는 바로 나입니다.

자기 만족

　다른 사람에게 관심을 받기를 원하고, 그들에게 기쁨을 주고 그들을 만족시키는 데에 얽매여 살아가는 사람들이 의외로 많습니다. 그들은 자신에 대한 스스로의 생각보다 다른 사람들의 생각에 더 많은 중요성을 부여하지요. 문제는 이것이 스스로 좌절을 겪는 주요 이유가 된다는 것입니다.

　중요한 것은 '사람들이 나에 대해 어떻게 생각하느냐'가 아니라 '내가 어떻게 생각하느냐'입니다. 자신의 자기분석이 훨씬 더 중요하다는 것입니다. 어느 누구도 우리 자신보다 우리를 더 잘 알지는 못합니다. 따라서 칭찬이든 비판이든 우리에 관한 다른 사람들의 판단이나 의견에 미혹되어서는 안 됩니다. 우리의 지성으로 그것들을 따져보고 적절하다고 판단되는 말만 받아들여야 하지요.

우리에 대한 다른 사람들의 판단이 반드시 옳은 것은 아닙니다. 오히려 대부분은 편견에 따른 것이기 쉽습니다. 우리에 대해 올바르게 판단할 수 있는 사람은 우리와 매우 밀접하게 지내온 사람들 가운데에서도 현명한 사람들뿐입니다.

다른 사람의 생각에는 개의치 않고, 단순하고 적절한 삶의 방식으로 항상 자연스럽게 살아가야 합니다. 다른 사람들에게 억지로 영향을 미치려고 애써도 아무 소용이 없는 것처럼, 자신이 아닌 자신이 되려고 애쓰는 것도 무의미합니다. 스트레스의 가장 큰 원천이 될 뿐이지요.

좋은 인상

    우리는 다른 사람들이 높은 평가를 해주기를 바라며, 다른 사람들의 거절이나 비판은 견디기 어려워합니다. 다른 사람의 의견에 대한 두려움은 우리 스스로가 만들어낸 가장 큰 고통입니다. 다른 사람의 눈에 비친 일종의 이미지에 맞춰 살기 위해 스스로에게 엄청난 압박을 가하는 것이지요. 하지만 이런 사실을 인식하는 사람은 많지 않습니다.

    다른 사람들에게 깊은 인상을 주고 좋은 평가를 받는 데서 기쁨을 얻는 것은, 행복의 열쇠를 남의 손에 맡긴 것과 같습니다. 행복과 만족은 당연히 자신에게 달려 있어야 합니다. 무슨 일이든 일차적으로 자신의 만족이라는 관점에서 보아야 하지요. 기쁨은 지금 우리가 하고 있는 일에서 이끌어내는 것입니다. 누군가 와서 우리 일을 인정할 때까지 기쁨을 미루어서는 안 됩니다.

다른 사람들이 우리의 자질이나 역량을 알고 있는지, 또는 우리를 과대평가하는지 과소평가하는지 등에 지나친 무게를 두지 말아야 합니다. 다른 누구보다 우리 자신의 평가가 중요합니다. 다른 사람의 논평은 자신을 재검토하고 교정하는 기회로 여기며 객관적으로만 받아들이면 됩니다.

비록 우리에게 약점이 있고 특정 영역에서 취약하다는 것을 알게 되더라도, 그것 때문에 염려할 필요는 없습니다. 이 다양한 세상에서 사람들은 저마다 다른 재능을 가지고 있으며, 그 차이 역시 반드시 존재하기 마련입니다. 어떤 영역에서는 우리가 더 나을 수도 있고, 어떤 영역에서는 다른 사람이 더 나을 수도 있습니다. 우리가 모든 영역에서 최고가 되어야 하고, 우리만이 세상에서 인정받아야 한다는 욕망은 한낱 환상에 불과합니다.

지금이 순간

돈을 더 많이 벌고 난 다음에, 공부를 더 한 다음에, 일을 더 한 다음에, 그런 다음에 삶을 즐기겠다고 생각하지는 않습니까? 나중을 위해 지금은 힘이 들더라도 참으며 살겠다고 말입니다. 하지만 이것은 올바른 태도가 아닙니다.

일하고 공부하는 동안에도 삶을 즐겨야 합니다. 모든 것을 다 갖춘 후에 안락을 누리며 게으르게 앉아 있는 게 인생을 즐기는 것이 아니니까요. 그때가 되면 매우 지루해질 것이고, 시간이 더 지나면 육체적 무능력 때문에 치열하게 살면서 갖추어놓은 물질적 안락조차도 즐길 수 없게 되고 맙니다.

삶의 모든 순간을 즐기세요. 즐김은 마음속에 있는 것이지 대상 속에 있는 것이 아닙니다. 아무리 사소한 것이라 하더라도 우리가 하는 모든 활동과 모든 순간을 즐길 수 있습니다. 우리에게 오지 않을 수도 있고, 또 지금은 상상할 수 없는 어려움에 직면할지도 모르는 미래에 삶을 즐기겠다는 꿈은 꾸지 않는 것이 현명합니다. 지금 이 순간, 즐기세요.

PART 6. 행복한 생활을 위한 마음가짐

결실과 즐거움

　지금 하고 있는 일 자체에서 즐거움을 얻는 법을 배워야 합니다. 일한 결과 얻게 되는 결실은 우리의 손 안에 있는 것이 아니기에, 즐거움을 얻기 위해 결실에 의존해서는 안 됩니다.

　열심히 일했지만 아직 결실을 얻지 못했다고 가정해봅시다. 사실 이런 경우는 종종 있는데, 이런 경우 대부분의 사람들은 자신이 얼마나 열심히 준비하고 일했는지 분석하고 당연히 그 결실을 맺어야 한다고 기대합니다. 하지만 우리는 알 수 없는 변수가 너무 많기에 완벽한 분석은 불가능하다는 것도 알고 있습니다.

　우리가 정해놓은 일을 할 때에는, 결실을 기다리지 말고 그 자체를 즐겨야 합니다. 최선을 다해 일하고 일하는 자체를 즐기기만 하면 됩니다. 이 또한 자연의 법칙입니다.

행복은 향수와 같아서
내게 뿌리지 않고서는
다른 사람에게
향기를 보낼 수 없다.

미래

　미래에 무엇이 펼쳐질지 궁금한 것은 사실입니다. 미리 엿볼 수만 있다면 보고 싶다는 생각도 듭니다. 그래서 많은 사람들이 손금이나 점을 보는 사람, 점성술사, 타로나 숫자 점쟁이 등과 상담하느라 많은 시간과 돈을 허비합니다. 이와 관련해서 두 가지를 염두에 두어야 합니다.

　첫째, 우리의 운명이나 미래는 엄격하게 고정되어 있지 않습니다. 어떤 점쟁이도 100% 확신을 가지고 말할 수 없습니다. 기껏해야 다양한 가능성들에 대해 암시를 줄 수 있을 뿐이지요. 자신의 노력으로 운명을 완전히 바꾸고 새로운 인생을 살게 되었다는 사람들의 이야기들을 더러 듣게 됩니다. 바꾸어 말하면, 그들은 자신들의 운명에 대한 통제력을 스스로 장악한 것입니다.

　둘째, 운명이나 미래를 안다고 해서 변할 게 없다는 것입니다. 비록 예정된 미래가 있다고 믿는다 해도, 바꿀 수도 없는데 안다는 게 무슨 의미가 있겠습니까? 그저 불필요한 근심과 긴장을 덧붙일 뿐입니다.

미래의 모든 일이 우리가 원하는 대로 일어나는 것은 아닙니다. 불운한 일들이 우리에게만 불가피하게 일어나는 것도 아닙니다. 따라서 삶에 대한 올바른 접근은, 삶의 여정에서 닥쳐오는 것이 무엇이든 담대하고 긍정적인 마음으로 대면해 나가는 것입니다. 우주의 섭리로 모든 것이 우리에게 도움이 되도록 정해져 있고, 마음의 힘으로 우리가 가는 길에 놓인 어떤 장애라도 극복할 수 있다고 믿는 것입니다.

후회와 염려

일부 사람들은 과거를 되씹거나 미래를 염려하면서 삶 전체를 낭비합니다. 과거에 해야 할 일을 하지 못했을 수도 있습니다. 그러나 그것 때문에 현재를 망치는 것은 어리석기 그지없는 일입니다. 마찬가지로 지금 당장은 예견할 수 없는 미래를 걱정하면서 현재를 망치는 것 역시 현명하지 못하지요. 이 두 가지 때문에 현재를 망친다면, 미래 역시 당치는 결과가 되고 말 것입니다.

현재는 우리 삶에서 가장 중요한 순간이라는 것을 기억해야 합니다. 지금 이 세상에서 가장 중요한 것은 '현재 나는 어떤 존재인가'이지 '어떤 존재였는지, 어떤 존재가 될 것인지'가 아닙니다.

우리의 과거 문제나 과거의 상황에 신경 쓰는 사람은 아무도 없습니다. 또한 과거에 이러저러한 문제들을 가졌다는 이유로 우리를 이용하거나 시험할 사람도 없습니다. 사람들은 단지 현재 우리가 어떤 사람인가에만 관심을 갖습니다.

가장 중요한 것은 현재를 적절히 붙잡는 것입니다. 현재를 장악함으로써 미래에 대한 좋은 기반을 마련할 수 있을 뿐만 아니라, 과거의 속박에서 상당히 벗어날 수 있습니다. 과거는 이러저러한 잘못들이 반복되지 않도록 교훈을 배우는 데에만 사용해야 합니다. 그 외에는 중요하지 않습니다. 예전에 본 옛날 영화처럼 과거는 바로 잊어버리세요.

모든 종류의 기회는 항상 우리 앞에 있습니다. 우리는 다만 그 기회들을 잡는 데 필요한 의지나 욕구를 갖기만 하면 됩니다.

PART 6. 행복한 생활을 위한 마음가짐

넓은 마음

넓은 마음을 갖고, 사소한 문제를 큰 문제로 만들지 마세요. 다른 사람의 잘못은 잊고 용서하는 마음을 길러야 합니다. 사소한 것에 노심초사하는 것은 우리의 잘못된 자아를 만족시킬 뿐입니다. 유용한 목적에는 전혀 도움이 되지 않습니다.

마찬가지로, 비교적 작은 문제를 결정하는 데 시간을 너무 많이 허비하지 마세요. 모든 문제를 혼자 해결하려 들지 말고, 동료나 부하직원들에게 위임해서 그들이 성장하도록 배려하세요. 세상은 오로지 나 때문에 돌아가고 있다는 잘못된 마음을 키우지 마세요. 세상이 움직이는 데 모든 사람이 똑같이 중요하다는 것, 그리고 그들도 나와 똑같은 잠재력을 갖고 있다는 것을 깨달아야 합니다. 나만이 특별한 것은 아니지요.

배움

세상에는 아무것도 모르는 사람도 없고 모든 것을 다 아는 사람도 없습니다. 그 사람의 사회적 지위와 직업에 상관없이 모든 사람은 우리가 알지 못하는 무언가를 알고 있습니다. 따라서 모든 사람에게 무언가를 배우려고 노력하세요.

매일 어디에서 누구를 만나든 상호발전을 위해 마음을 열어두어야 합니다. 지금 상대하고 있는 사람의 독특한 재능과 경험과 지식을 항상 살피고 무언가를 얻도록 노력하세요. 그리고 누군가를 만난 다음에는 늘 자신에게 '무엇을 얻었는지, 아니면 주어진 시간을 허비했는지' 물어보세요.

사람은 누구든 다른 사람보다 더 낫거나 못하지 않습니다. 따라서 누구라도 내려다보아서는 안 됩니다. 또한 무엇이든 배우려 노력해야 합니다.

PART 6. 행복한 생활을 위한 마음가짐

더 많은 것

　살아가는 동안 우리는 가족, 조상, 사회, 나라, 세계, 그리고 자연(공기, 물, 햇빛, 그리고 지구 등)으로부터 매우 많은 사물과 이득을 얻습니다. 우리 인생은 우리가 세상에서 얻은 것보다 더 많은 것을 세상에 줄 수 있을 때에만 가치가 있습니다. 만일 우리가 사회에 아무것도 기여하지 않고 기생충처럼 사회로부터 끊임없이 받아먹기만 한다면, 우리는 보잘것없는 짐일 뿐입니다.

　우리는 무엇이든 사회에 줄 수 있습니다. 다양한 방식으로 우리의 지식과 경험을 공유함으로써, 또는 우리의 지식과 경험에 기반을 둔 실용적인 일을 함으로써 사회와 전체 세상의 향상을 가져올 수 있습니다.

불행은 대상이나 상황에서
오는 것이 아니라,
그것에 대한
우리의 반응에서 나온다.

PART 6. 행복한 생활을 위한 마음가짐

주는 것과 받는 것

지식이든 물건이든 다른 사람들에게 주는 것은 모두 두 배 또는 세 배가 되어 돌아옵니다. 일부 사람들은 다른 사람들이 자신과 같은 수준에 도달하지 못하도록 정보나 물질적 대상을 숨기려고 합니다. 그러나 남에게 주면 더 많은 것을 얻는다는 것은 엄연한 사실입니다. 지식을 다른 사람과 공유하면 우리는 더 많이 알게 됩니다. 다른 사람에게 행복을 주면 우리는 더 행복해집니다. 다른 사람들에게 물질적 혜택을 베풀면 우리는 더욱 번영하게 됩니다. 따라서 다른 사람들에게 주는 일에 후해지세요. "무엇이든 다른 사람에게 주면 저축하는 것이고, 가지면 잃는 것이다"는 격언을 마음에 새기세요.

'주는 것'과 '받는 것'에 대한 이 마술 같은 사실 뒤에 있는 철학은, 무엇이든 다른 사람에게 줄 때마다 우리 마음은 넓어지고 축복과 선으로 가득 찬 자연의 본성에 더 가까이 다가간다는 것입니다. 반면, 다른 사람들에게 무언가를 얻는 것만을 생각하면, 그때마다 우리 마음은 쪼그라들고 자연의 본성으로부터 멀어지게 되지요. 이 같은 이기적인 태도는 우리의 성장을 멈추게 하고 우리를 우리의 궁극적인 목표에서 더 멀어지게 만듭니다.

사용되거나 교환되거나 공유되지 않는 것, 또는 그 흐름이 멈춘 것은 무엇이든지 썩기 시작하고, 계속해서 흐르는 것은 무엇이든지 신선하고 생기가 넘치는 상태를 유지하면서 팽창한다는 것이 자연의 기본적인 원칙입니다. 게다가 낡은 것을 비울 때에만 새로운 무엇인가로 채워지고 보충될 수 있다는 것을 기억해야 합니다.

변화와 개선

　변화는 자연의 법칙이고, 변화한다는 것은 세상에 대한 정의定義입니다. 매순간 변화가 일어나고 있습니다. 한 시간 전의 우리는 지금의 우리가 아닙니다. 따라서 삶에서 일어나는 변화에 저항하지 말고, 더 많이 배우고 성장하는 기회로 활용해야 합니다.

　아무런 변화도 없다면 우리는 고정되고 우둔해질 것입니다. 만약 변화에 저항한다면, 우리는 세상과 동떨어진 자신의 틀 속에서 살고 있는 것입니다. 또 변화가 없다는 것은 죽은 것과 다르지 않습니다. 따라서 변화를 존중하고 변화에 당황하지 않고 변화를 적용하는 법을 배워야 합니다.

　한 예로 이사를 하거나 이직했다고 가정해봅시다. 이럴 때 우리는 새로운 집이나 직업에 대해 의심을 품거나 공포나 부정적인 생각 등을 가집니다. 하지만 이런 공포는 우리 상상 속에서만 일어나는 것입니다. 우리 역시 이내 이것을 알게 될 것입니다. 실제는 상상과는 매우 다르고, 이전에 비해 좋은 것들을 일부라도 찾게 되지요.

또 부정적인 환경에서도 성장하는 법을 배운다면, 우리의 의지가 부정적인 것이 갖는 효과를 대체할 수 있습니다. 실제로 의지와 투지와 긍정적인 생각에 의해 부정적인 분위기는 긍정적인 분위기로 바뀔 것입니다.

PART 7

행복을 부르는 생활습관

자기 성찰의 시간

매일 어느 정도의 시간을 고요와 침묵 속에서 보내는지 스스로를 돌아보세요. 그리고 그 시간을 오로지 자신에게만 쏟도록 노력하세요. 개선과 강화가 필요한 부분이 있는지, 잘못하고 있는 부분은 없는지, 자기성찰을 하세요. 이런 자기분석을 통해 우리는 개선을 위해 필요한 제안들을 스스로에게 제공할 수 있습니다.

고요와 침묵은 정신적 에너지를 보존하게 만듭니다. 항상 더 적게 말하고, 낮고 달콤한 목소리로 간결하게 얘기하세요. 너무 많이 말하거나 높은 음조로 말하지 말고, 험담이나 불필요한 논쟁과 토론을 피하세요. 또 목적 없는 말은 피해야 합니다. 불필요한 말이나 토론에는 많은 육체적 에너지와 정신적 에너지가 소모되기 때문입니다.

최상의 것

　우리에게는 불행과 제약과 속박으로 물든 삶을 살아야 할 이유가 전혀 없습니다. 이런 것들은 모두 우리 자신이 만들어낸 것일 뿐입니다. 우리는 모든 것을 최상의 상태로 가질 자격이 있습니다. 이 위대한 특권을 갖기 위해 우리는 관계된 모든 측면에서 세상에 최상의 것을 주어야 할 책임도 지고 있습니다. 따라서 그것이 무엇이든 최상의 것보다 못한 것을 행하거나 받아들이는 타협을 해서는 결코 안 됩니다. 이를 실천하기 위해, 오늘은 어제 한 것보다 조금 더 나은 것을 행하도록 매일 노력해야 합니다.

　그러나 '최상'이라는 단어를 '완벽'과 혼동해, 완벽해져야 한다는 압박감을 가져서는 안 됩니다. 여기에서 '최상'이란 현재의 제약들 아래에서 '내가 할 수 있는 최상' 또는 '가능한 한 최상'을 의미합니다. 완벽은 신에게만 귀속되는 것입니다.

모든 상황

　우리의 삶은 다양한 상황들을 직면하고, 그것들로부터 다양한 교훈을 배우고 성장합니다. 모든 상황이 우리를 위한 경험이고 기회입니다. 어떤 상황도 서로 같지 않고, 모든 순간이 다른 순간과 다릅니다.

　삶의 그래프가 직선인 사람은 없습니다. 누구도 똑같은 유형의 삶을 계속 영위하지는 않습니다. 우리가 할 일은 모든 경험에서 얻을 만큼 얻고 배우는 것입니다. 우리가 언제나 열린 마음으로 배우려 한다면, 아무리 사소하고 하찮게 보이는 것이라 할지라도 모든 상황이 우리에게 배울 기회를 제공합니다.

　20세기 인도의 성자는 이렇게 말했습니다.

　"삶에서의 모든 상황을 예술작품처럼 취급하세요. 어떤 상황도 낭비하지 마세요."

행복은 거래될 수 없다.
경험될 뿐이다.

PART 7. 행복을 부르는 생활습관

생각 바꾸기

기분은 현재 마음속에 있는 생각들에 달려 있습니다. 만일 지금 하고 있는 생각을 바꾸고 무언가 다른 것을 생각하기 시작한다면, 확실히 기분도 바뀔 것입니다. 마음의 동요가 일어나면, 그것을 극복하기 위해 다른 것에 관한 생각을 시작하는 것이 좋습니다. 다시 말해, 감정이 동요될 때에는 마음에 무언가 다른 생각을 떠올려보세요. 곧바로 그 동요가 사라질 것입니다.

예를 들어, 갑자기 멀리 기숙사에서 지내는 아들이 걱정된다면, 내일 사무실에서 끝내야 할 급한 일 또는 다양한 회의나 약속 쪽으로 생각을 돌려보세요. 틀림없이 걱정은 사라질 것입니다. 왜냐하면 마음은 한꺼번에 많은 것에 매달릴 수는 없기 때문입니다.

마음을 즐겁고 재미있는 것으로 돌릴 수도 있습니다. 예를 들어, 좋은 음악을 듣거나 마음을 고양시키는 책을 골라 거기에 몰입할 수도 있습니다. 또 가까운 공원으로 산책을 나갈 수도 있고, 좋은 친구가 가까이 있다면 그와 잡담을 나눌 수도 있습니다.

시간 낭비

　현대인은 바쁩니다. 여기저기 많이 설치고 다닙니다. 하지만 정신적으로나 물질적으로 아무것도 얻지 못하는 경우가 대부분입니다. 간단하게 말하면, 우리는 시간과 에너지를 낭비하고 있을 뿐입니다.

　인생은 짧고 매우 소중합니다. 시간은 무척 빨리 흘러가고, 매순간 우리는 죽음에 더욱 가까이 다가가고 있습니다. 죽음은 아무런 통지 없이 어느 순간에라도 올 수 있습니다. 우리에겐 낭비할 시간이 없습니다.

　우리는 이 최소한의 시간 속에서 최대한을 성취하지 않으면 안 됩니다. 여기저기서 불필요한 사고와 험담과 어정거림으로 시간을 낭비하지 마세요. 잃어버린 시간은 영원히 잃어버리게 되며 어떤 수단으로도 다시 얻을 수 없습니다. 물건과는 달리 시간은 저장할 수 없습니다.

　"돈을 낭비하면 단지 쪼들릴 뿐이지만, 시간을 낭비하면 삶
의 일부를 잃어버리게 된다"는 격언을 기억하게요.

06

미루는 습관

　일을 미루는 습관을 가진 사람들이 있습니다. 무엇인가를 해 달라는 요청을 받으면 그들은 항상 '내일'이라고 말합니다. 성공하는 사람들은 자리에서 일어나 즉각 행동을 취하는 사람들입니다. 일을 시작하거나 수행하는 올바른 시간은 바로 지금이지 내일이 아닙니다.

　무슨 일이든 내일 할 수 있는 사람은 아무도 없었습니다. 세상에서 일어난 위대한 일들은 모두 내일이 아니라 '오늘'을 강조한 사람들에 의해서만 이루어졌습니다. '내일'은 결코 오지 않고, 우리에게 오는 것은 항상 '오늘'이며 '현재'입니다. 매일 말만 하고 일을 미루는 것은 실패를 향해 나아가고 있다는 확실한 징표입니다. 따라서 게으름을 피우지 말고 '지금 당장' 행동에 옮기고, 상상 속의 미래로 일을 미루지 마세요.

내일은 결코 오지 않는다.
우리에게 오는 것은
항상 오늘이다.

07

삶의 목적

어떤 사람들은 이러저러한 일에 탐닉하는 것이 삶을 사는 이유인 양 평생을 보냅니다. 그들의 목적은 어느 날 죽는 것이고, 죽기 전에 더 많은 것에 탐닉하려는 것처럼 보입니다. 그러나 우리는 삶이 매우 소중하다는 것을 이해해야 합니다. 삶은 무용하고 목적 없는 일을 추구하는 데 낭비하라고 우리에게 주어진 것이 아니기에, 우리는 자기실현이라는 목적을 달성하지 않으면 안 됩니다.

목적 없이 삶을 영위하는 것은 축구장에서 상대편의 골문을 겨냥하지 않은 채 이리저리 공만 차는 것과 같습니다. 우리는 개인적인 삶뿐만 아니라 전문적 삶에서도 단기적이고 장기적인 목표를 세우고, 한 걸음 한 걸음 그것들을 성취하기 위해 노력해야 합니다.

우리가 무엇을 생각하거나 말하거나 행하거나, 반드시 어떤 목적이 있어야 합니다. 방향이 없는 마음은 당연히 나쁜 본성에 굴복하고 의미 없는 생을 마치게 합니다.

일어나지 않은 일

　우리는 모두 미래가 어떻게 펼쳐질지 궁금해 하고 기대하는 한편 걱정도 합니다. 그러나 미래에 일어날지도 모르는 일을 상상하고 생길지도 모르는 문제들을 걱정하는 데 너무 많은 시간을 보내는 것은 어리석은 일입니다.

　우리는 살아가는 동안 다양한 문제와 불행한 일들과 만나게 됩니다. 그러면 우리는 곧바로 그것들을 마주하고 극복해야 하지요. 그러나 자신에게 닥칠지도 모르고 닥치지 않을지도 모르는 미래의 불행에 대해 끊임없이 염려하고 거기에 초점을 맞추어서는 안 됩니다. 예를 들면, "암에 걸리면 어떡하지?", "나이 들어 늙었을 때 자식들이 나를 혼자 두고 떠나면 어떡하지?" 또는 "직장을 잃으면 어떡하지?" 등등을 생각하지 마세요.

　사실 그렇게 상상하는 일들 중에서 99%는 결코 일어나지 않습니다. 그것들은 단지 의심 많은 마음과 터무니없는 상상력이 마음속에 구성한 것일 뿐입니다.

앞서 언급했듯이, 어떤 불행이 일어나더라도 우리는 항상 그 것을 다룰 힘을 가지고 있고, 어떤 문제나 불행도 우리보다 더 대단할 수는 없습니다. 다음 격언을 기억하세요.

"문제가 닥치면 그것을 직면하라. 미리 그것들에 대해 깊이 생각하고 곱씹지 마라."

자연

　여가시간을 어떻게 보내시나요? 여기저기 어정거리거나 마트를 돌아다니면서 보내지는 않나요? 정원, 숲, 산, 강, 호수 등과 같이 자연에 가까이 갈 수 있는 곳으로 가세요. 거기 열린 하늘 아래에서 신선한 공기를 들이마시고 새의 재잘거림과 나부끼는 산들바람의 소리를 들어보세요. 햇볕을 느껴보세요. 우리 마음이 산뜻해질 기회를 주세요.

행복의 비밀은
자유이고,
자유의 비밀은
용기이다.

미소

이야기를 하든, 걷든, 앉거나 서 있든, 언제나 자연스러운 미소를 짓도록 노력하세요. 이것은 별다른 노력 없이도 자연스럽게 우리 마음을 긍정적으로 만드는 가장 확실한 방법입니다.

감정과 기분이 행동과 밀접한 관련이 있다는 것은 이미 입증된 사실입니다. 다시 말해, 행동을 의도적으로라도 바꾼다면 감정과 기분도 반드시 바뀐다는 것입니다.

행동이 바뀌었는데 동일한 감정을 유지한다는 것은 불가능합니다. 마찬가지로 행복한데도 얼굴 표정을 찡그리거나 날카롭고 긴장된 상태를 유지하는 것은 불가능합니다. 행복하다면 그 감정을 표현하기 위해 얼굴은 반드시 느긋해지고 즐거운 표정을 짓게 됩니다.

요컨대, 미소를 지으면 스트레스를 받지 않도록 우리 몸에서

화학적 변화가 일어난다는 것이지요. 스스로를 경쾌하고 자유롭

게 하기 위해 이 분명한 사실을 이용하지 않을 까닭이 없습니다.

스스로 시도하고 느껴보세요.

우리가 가진 물건

생활용품과 사치품은 최소한으로 줄이고 생존과 기본적인 편의를 위해 필요한 정도로만 갖추세요. 통상적으로 우리는 필요한 것보다 훨씬 더 많은 것을 모으고 가지고 있습니다. 필요한 것이든 그렇지 않든 모으고 비축하는 물건이 많을수록, 그것들을 구입하고 보수하는 경비와 그것들이 차지하는 공간 등의 문제로 점점 더 많은 걱정과 긴장 그리고 에너지의 소실을 가져옵니다.

사람들이 이처럼 많은 물건을 모으고 쌓아두는 이유는, 물건이 보다 큰 무언가를 성취하기 위한 일시적인 수단일 뿐이라는 사실을 잊고 오히려 그것에 집착하기 때문입니다. 집착이 크면 클수록, 그것들에 더 묶일수록, 그것들을 잃을 때 더 많은 실망과 슬픔을 느끼게 될 것입니다.

따라서 그것들이 우리를 괴롭히기 전에 우리 스스로 그것들

에 대한 집착에서 벗어나 자유로워지는 것이 더 낫습니다. 기본
적인 편의와 생존을 위해 필요한 만큼만으로 물질적 소유를 줄
이고, 불필요한 축적을 자제하세요.

정리

집이나 작업장에 더 이상 필요하지 않은 물건들이 쌓여 있지는 않은지 살펴보세요. 버릴 것은 버리고 정리를 했다고 해도 일정기간이 지나면 다시 필요 없는 물건들이 쌓이기 시작합니다. 더 이상 필요도 없는 물건들을 계속 유지하느라 괜한 부담을 질 수도 있습니다. 게다가 새로운 물건들에 자리를 내주기 위해서라도 정리는 필요합니다.

우선, 정기적으로 필요 없는 물건들을 처리하는 습관을 길러야 합니다. 버려야 할 것은 버리고, 가능하다면 팔거나 어려운 사람들에게 기부하세요.

집이 쓰레기장이 되는 것을 막는 좋은 방법으로, 새 물건을 하나 살 때마다 낡은 것을 하나 처리하는 것을 권합니다. '하나를 들여오면 하나를 내보낸다'는 원칙을 지킨다면 일단 쉽게 물건을 들여오기가 어려워질 것이고, 더 이상 집이 좁아지고 어수선해지는 것도 막을 수 있습니다. 단정하고 깨끗하게 정리된 환경은 우리를 경쾌하게 해주고, 쓰레기를 볼 때마다 눈썹이 치켜올라가는 것도 피할 수 있습니다.

식사 조절

식습관은 우리 마음에 상당한 영향을 미칩니다. 너무 맵거나 짠 음식, 자극적인 음식, 너무 뜨겁거나 너무 찬 음식, 커피, 알코올, 약물, 담배, 당분 등등은 마음을 자극하거나 침울하게 만들어 마음의 평형을 어지럽힙니다. 마찬가지로 과식이나 불규칙한 식습관 역시 신체 건강에나 정신 건강에 좋지 않습니다.

음식과 관련하여 건강함을 유지하는 비결은 항상 약간 배고픈 상태를 유지하는 것입니다. 신체를 깨끗하게 유지하고 마음을 순수하게 유지하기 위해 물을 많이 마시고 야채와 과일을 즐겨야 합니다. 가끔 단식을 하는 것도 건강에 매우 좋고 마음의 통제력을 늘리는 데도 매우 좋습니다.

또한 절대로 음식을 급하게 먹거나 긴장한 상태에서 먹지 마세요. 이런 마음 상태에서는 음식이 적절하게 소화되지 않을 뿐

아니라, 더러 독이 되기도 합니다. 음식은 항상 느긋한 마음으로 먹어야 합니다. 그것이 가능하지 않다면 오히려 끼니를 건너뛰는 것이 더 낫습니다.

운동

　규칙적인 스트레칭과 운동은 근육의 긴장과 경직을 풀어주어, 근육의 이완을 가져옵니다. 육체의 이완은 다시 정신의 이완으로 이어지는데, 그것은 육체와 정신이 밀접하게 연관되어 있기 때문이지요. 또 빠른 동작을 포함한 에어로빅 같은 운동은 폐와 심장을 강화하고 전반적인 체력과 저항력을 키워줍니다.

　따라서 매일 정기적인 운동이나 조깅, 요가를 하여 몸을 다스리고, 호흡운동으로 마음을 고요하고 균형 잡히게 하세요.

돈이 줄 수 있는 것에서
행복은 제외된다.

수면

　수면은 우리 인생을 행복하게 만드는 데 매우 중요한 요소입니다. 수면의 질만큼이나 밤에 어떻게 잠드는가도 중요한데, 잠들기 전에 마음이 들뜨고 목적 없이 여기저기 헤매면 질 좋은 수면을 취할 수 없기 때문입니다. 몸싸움을 벌이는 등의 험악한 꿈에 시달리다가 숙면을 취하지 못하고, 활력과 신선함으로 충만해야 할 아침에 여전히 피곤한 상태로 일어나게 되지요.

　좋은 잠을 위해서는, 잠자기 직전 한 시간을 어떻게 보내느냐가 매우 중요합니다. 잠자러 가기 전에 마음을 고양시키는 고상한 책을 읽는 것은 무척 좋은 습관입니다. 또한 잠자기 전에 일종의 자기성찰을 할 수도 있고, 스스로를 개선하기 위해 필요한 자기암시를 할 수도 있습니다. 잠자기 직전에는 이런 암시들이 잠재의식적 마음에 매우 쉽게 받아들여져 작용을 하게 됩니다.

우리가 허락하지 않는 한
누구도 우리를
불행하게 만들 수 없다.

적절한 색깔

색깔이 우리 몸과 마음에 매우 깊은 영향을 미친다는 것은 널리 알려진 사실입니다. 색으로 치유하는 컬러테라피^{colour therapy}는 처음 소개될 때, 몸을 치료하기 위한 것과 마음을 치료하기 위한 것으로 나뉘어 있었고, 태양의 일곱 색깔이 치료를 위해 활용되었지요.

각 색깔은 몸과 마음에 상이한 효과를 갖습니다. 예를 들면, 파랑색과 보라색과 남색은 마음에 냉각 효과를 주지요. 초록색은 평형 효과, 빨강색과 주황색과 노란색은 무딘 마음을 자극하는 효과를 주어 사랑과 열정과 활기로 채웁니다.

또 이 일곱 가지 색이 모두 섞인 흰색은 맑은 정신과 연관되어 있습니다. 흰색이 종교적 의례나 의식에 많이 사용되는 이유가 바로 이것입니다. 또한 이 일곱 가지 색깔의 혼합인 햇빛을 받으며 앉아 있는 것이 매우 즐거워 보이는 까닭도 바로 이것입니다. 검은색은 모든 색깔의 결핍이며 증오와 악의를 나타내고, 마음을 무디고 게으르게 만들고 타성으로 가득하게 합니다. 짙은 갈색과 회색은 이기심을 나타냅니다.

이것을 기억하면서, 방, 커튼, 가구, 문과 창문 그리고 옷에 적절한 색깔을 선택하세요.

좋은 음악

　소리 역시 마음에 큰 영향을 미칩니다. 가락이 아름다운 좋은 음악과 노래는 산만하고 들썩이는 마음을 가라앉히고 쉽게 집중을 되찾게 만듭니다.

　소리마다 효과가 다른 것은 진동 유형이 서로 다르기 때문입니다. 모든 단어, 또는 우리가 발음하는 모든 음절은 대기에 서로 다른 종류의 진동을 일으킵니다. 또한 단어를 발음할 때의 음색도 진동의 질에 영향을 미치는데, 음악 역시 마찬가지입니다. 유형에 따라, 연주하는 수준에 따라 다른 진동을 남깁니다.

　마음을 고양된 상태로 유지하기 위해 좋은 음악을 골라 듣는 습관을 기르세요. 오늘날 음악 역시 치료법으로 활용되고 있습니다.

좋은 자세

　자세는 기분과 마음의 태도에 큰 영향을 미칩니다. 서 있을 때, 앉아 있을 때, 누워 있을 때, 걸을 때, 언제나 좋은 자세를 유지하세요. 그렇게 하면 몸과 마음을 활동적이고 담대하고 자신감 있게 유지하는 데 도움이 됩니다.

　웅크리고 느슨하고 구부정한 자세는 척추가 기울어지거나 휘어지게 만들어 몸을 가지런히 하는 것을 방해합니다. 이런 자세는 몸에 영향을 줄 뿐만 아니라, 몸과 마음 사이의 연관성 때문에 마음의 확신을 줄이고 마음을 무디고 게으르게 만들기도 합니다.

깨끗한 환경

인도에는 "청결은 신을 공경하는 것 다음으로 중요하다"는 말이 있습니다. 청결은 우리 마음의 상태에 커다란 영향을 미칩니다.

작업장 환경과 가정의 환경을 단정하고 깨끗하게 유지하세요. 먼지가 쌓이게 하지 마세요. 집과 사무실에 있는 물건들을 여기저기 아무렇게나 두지 마세요. 모든 것은 지정된 보관 장소가 있어야 하고, 사용한 뒤에는 곧바로 제자리에 두어야 합니다. 몸과 옷 등 외관을 깨끗하게 하는 것 역시 매우 중요합니다.

행복을 밖에서 찾으려는 것은
올가미로 구름을 잡는 것과 같다.

유머와 웃음

　유머는 마음속에 있는 다양한 심리적 장벽들을 허무는 데 큰 역할을 합니다. 얼굴을 가득 메운 거리낌 없는 웃음은 마음을 툭 트이게 하고 상쾌하게 만들며, 또 스스로 만든 어두움으로부터 빠져나오게 합니다. 좋은 웃음은 두뇌의 혼란을 말끔히 없애고, 그로 인해 양이 늘어난 혈액은 영양이 부족한 부위에 영양을 공급하기 위해 달려가게 됩니다. 따라서 일상에 일정 정도의 유머와 웃음을 의도적으로 끼워넣으세요.

　웃고 있는 동안 신체는 자연 진통제이면서 모르핀과 같은 효과가 있는 '엔도르핀'을 더 많이 생성하고, 웃음은 우울증, 슬픔, 근심, 신경과민, 절망 등을 제거하는 심리적 이득과 더불어 치료를 돕기도 합니다.

　만일 자연스럽게 웃기가 힘들다면, 유머 책이나 재미있는 소설책을 읽거나 텔레비전 코미디 프로그램이나 코미디 영화 등을 보세요. 가족끼리 콩트나 우스갯소리를 하나씩 하게 하는 것도 좋습니다.

207

나를 위한 시간, 행복카페

2015년 3월 10일 초판 1쇄 인쇄
2015년 3월 15일 초판 1쇄 발행

지은이 | M.K. 굽타
옮긴이 | 김해식
그린이 | 김영민

펴낸이 | 김태화
펴낸곳 | 파라북스
기획·편집 | 전지영
마케팅 | 박경만

등록번호 | 제313-2004-000003호
등록일자 | 2004년 1월 7일
주소 | 서울특별시 마포구 월드컵북로 6길 93 (연남동) 301호
전화 | 02) 322-5353   팩스 | 02) 334-0748

ISBN 978-89-93212-66-2 (13320)

*값은 표지 뒷면에 있습니다.